アクティベート
教　育　学

汐見稔幸・奈須正裕［監修］

11 特別活動の 理論と実践

上岡 学・林 尚示［編著］

ミネルヴァ書房

シリーズ刊行にあたって

　近代という特徴的な時代に誕生した学校は、今や産業社会から知識基盤社会へという構造変化のなかで、その役割や位置づけを大きく変えつつあります。一方、2017年に告示された学習指導要領では「社会に開かれた教育課程」という理念のもと、「内容」中心から「資質・能力」育成へと学力論が大幅に拡張され、「主体的・対話的で深い学び」や「カリキュラム・マネジメント」といった考え方も提起されました。

　学習指導要領前文にあるように、そこでは一人一人の子どもが「自分のよさや可能性を認識するとともに、あらゆる他者を価値のある存在として尊重し、多様な人々と協働しながら様々な社会的変化を乗り越え、豊かな人生を切り拓き、持続可能な社会の創り手となること」が目指されています。

　急激に変化し続ける社会情勢のなかで、このような教育の理想をすべての子どもに実現していくことが、これからの学校と教師に期待されているのです。それは確かに要求度の高い困難な仕事ですが、だからこそ生涯をかけて打ち込むに値する夢のある生き方とも言えるでしょう。

　本シリーズは、そんな志を胸に教師を目指されるみなさんが、数々の困難を乗り越え、子どもたちとともにどこまでも学び育つ教師となる、その確かな基礎を培うべく企画されました。各巻の内容はもちろん「教職課程コアカリキュラム」に準拠していますが、さらに教育を巡る国内外の動向を的確に反映すること、各学問分野の特質とおもしろさをわかりやすく伝えることの2点に特に力を入れています。また、読者が問いをもって主体的に学びを深められるよう、各章の冒頭にWORKを位置づけるなどの工夫を施しました。

　教師を目指すすべてのみなさんにとって、本シリーズが、その確かな一歩を踏み出す一助となることを願っています。

2019年2月

監修者　汐見稔幸・奈須正裕

はじめに

　学校教育は，教科教育と教科外教育とに分けられます。就学前の子どもたちに「小学校は何をするところ？」と尋ねると「勉強！」と元気に答えてくれます。これは，教科教育のことです。ところが小学校に上がると学校では教科教育以外にもいろいろと教育活動が行われていることがわかります。それが教科外教育です。そして教科外教育の一つが「特別活動」です。「教科教育＝勉強」であるならば「特別活動＝人間教育」といえます。

　日本の教育の特徴は何でしょうか。さまざまな答えがありますが，その中の一つに特別活動があります。「特別活動？聞いたことない」と思われた方もいるでしょう。それもそのはずです。特別活動という言葉はあまり表に出てくることのない名称であり，さまざまな教育活動の総称なのです。日本の教育の特色を世界に伝えるテレビ番組では「運動会」「掃除」「遠足」「修学旅行」「林間学校」「臨海学校」「合唱コンクール」「生徒会」などを紹介しています。これらは世界ではあまり見られない活動であり，すべて特別活動です。詳しいことは本書でお伝えしますが，教科ではないことはおわかりでしょう。そうなのです。特別活動は教科に入らない教育の多くの部分なのです。

　日本の特別活動が世界のなかでも特徴的なことが2つあります。

　一つは活動内容の多さです。本書にはその多種多様な活動が紹介されています。世界の学校にも同様の活動はいくつかあります。ただし，その種類の多さは世界で類を見ません。これは日本の学校がさまざまな人間教育を重視し，行ってきた歴史といえます。そこには一貫して集団活動を通して個を育てるという考え方があります。

　もう一つは国が定めるカリキュラム（学習指導要領）に位置づけられているということです。それは特別活動が，大学において教職科目として位置づけられていることからもわかります。特別活動がカリキュラムに位置づいている国

は世界のなかでも稀なことです。これは特別活動を一部の子どもではなく，すべての子どもに体験させたいという考えのあらわれです。おかげで日本で教育を受けた人は，共通体験としてさまざまな特別活動の教育を共有しています。

本書はそのような日本の教育が大切にしてきた特別活動について，これまでにないアクティベートな（活動的な）方法で書かれています。各章の最初に「WORK」があります。まずはじっくり取り組んでください。WORK はその章を学ぶためのアクティベートな問いです。ここで精一杯頭を使い，本文に入ってください。章を読み進めるとなぜ WORK があったかがわかるとともに章の内容が深まります。アクティベートに学ぶとは，自分の頭のなかで WORK の内容と章とをインタラクティブ（双方向）に考え，学ぶということです。それはこれまでの読書のように，単に書かれていることを受け身で取り込むという方法ではなく，自ら問いを発し，読み進めながら答えを探っていくという方法です。

今回テキスト作成にあたり，アクティベートな学びにつながるよう特別活動研究の最前線の研究者と実践者に執筆していただきました。どの章もこれまでにない密度の高い内容となっています。たとえば，担任が担当する「学級活動（ホームルーム活動）」に関して第 5 章で「特質」を扱い，第 6 章で「実践」を扱っています。各活動について，二段構えで理解・活用できるようボリュームを厚くしました。また，第15章の国際比較や第16章の教職課程コアカリキュラムなど学術的な内容も取り入れました。したがって，大学のテキストとしてだけではなく，教育を広く学ぶときや教員になってからの参考書としても活用できます。

特別活動は「活動」とついている通り，アクティビティ（活動）による教育です。また，集団による教育という点も大きな特徴です。学習指導要領のなかで「集団による」と書かれているのは特別活動だけです。

今回の学習指導要領の改訂（2017年度告示）で特別活動の目標ではいくつかの新しいワードが登場しています。

これまで「望ましい集団活動を通して」とあった部分が「多様な他者と協働する様々な集団活動」となりました。これはこれまで同質で「望ましい」集団

という前提を設定していたところを異質な「多様性」を認めた上で協働するという画期的な変更です。

　また，「合意形成」「意思決定」というワードも明記されています。その背景には，これからは協働する社会であるということがあります。お互いに考えていることや身につけているスキルを共有したり，組み合わせたりして，合理的にかつ高度に問題解決を行うということです。それはまさに合意形成と意思決定により進められるのです。これは特別活動のなかの重要な内容である「話し合い」で育てる力です。

　これらの学習指導要領の目標からもわかるように，特別活動について学ぶことで，これからの社会においてどのような力が必要で，学校教育で何を育てる必要があるのかがわかります。

　本書で特別活動を学ぶみなさんが，これからの学校教育における特別活動の内容や方法を理解されるとともに教育現場において実践できるようになることを期待しております。

2020年8月

編著者を代表して　　上岡　学

目　　次

第 3 章　教育課程の位置づけと各教科等との関連　　29

本シリーズの特徴

　シリーズ「アクティベート教育学」では，読者のみなさんが主体的・対話的で深い学びを成就できるよう，以下のような特徴を設けています。

●学びのポイント

　各章の扉に，押さえてほしい要点を簡潔に示しています。これから学ぶ内容の「ポイント」を押さえたうえで読み進めることで，理解を深められます。

●WORK

　各章の冒頭に「WORK」を設けています。主体的・対話的に WORK に取り組むことで，より関心をもって学びに入っていけるように工夫されています。

●導　入

　本論に入る前に，各章の内容へと誘う「導入」を設けています。ここで当該章の概要や内容理解を深めるための視点が示されています。

●まとめ

　章末には，学んだ内容を振り返る「まとめ」を設けています。

●さらに学びたい人のために

　当該章の内容をさらに深めることができる書籍等をいくつか取り上げ，それぞれに対して概要やおすすめポイントなどを紹介しています。

●カリキュラム対応表

　目次構成と教職課程コアカリキュラムの対応表を弊社ウェブサイトに掲載しています。詳細は，以下の URL から各巻のページに入りご覧ください。

　　〈https://www.minervashobo.co.jp/search/s13003.html〉

第1章

特別活動の構造と特徴

●　●　●　学びのポイント　●　●　●

- 特別活動とは何かを具体的にとらえる。
- 特別活動の構造を明らかにする。
- 特別活動の特徴を理解する。

WORK	学校で楽しかったことを思い出してみよう

1．個人で考える

小学校（中学校・高等学校）での教科以外の思い出を，その時のエピソードも含めて，3つ書き出してみましょう。

（タイトル：　　　　　　　　　　　　　　　　　　　　　　　）

エピソード

（学年：　　　　）

（タイトル：　　　　　　　　　　　　　　　　　　　　　　　）

エピソード

（学年：　　　　）

（タイトル：　　　　　　　　　　　　　　　　　　　　　　　）

エピソード

（学年：　　　　）

2．グループで考える

2〜4名のグループに分かれて，お互いに書き出した思い出を説明してみましょう。

3．分類する

グループであがった思い出を，どのような分け方ができるか分類してみましょう。

● 導　入 ● ● ● ● ● ● ● ● ●

　WORK で「学校の思い出」を書き出し，分類しました。実はこのなかのほとんどが特別活動なのです。学校教育は，教科教育（国語，社会，算数，理科，など）と教科外教育（領域）に分けられます。教科外教育は，「特別の教科道徳」，「総合的な学習の時間」，「外国語活動」（小学校のみ），「特別活動」の４つがあります。そして，「学校の思い出」のなかで教科教育の思い出以外はほとんど特別活動の思い出なのです。本章では特別活動とはどのような活動なのか，みなさんの「学校の思い出」が特別活動のどの内容とつながるのかを考えながら，構造をとらえ，特徴を考察していき，全体像を理解していきます。

● ● ● ● ● ● ● ● ●

1 特別活動とは？

▌1▐　特別活動 ＝ 学校行事？

　「特別活動」は日本の学校教育では必ず誰もが経験しています。しかし，特別活動という言葉と内容は，教育に詳しい人でない限り言葉を耳にしないし，その内容を言い当てることはまず不可能でしょう。なぜならば，特別活動という名称はいくつかの教育活動の総称であるため，教育の前面には表れないからです。さらに，特別活動は教科書がないうえにこの総称が使われることがないため教師が教育を語るときにも「特別活動」という用語が登場することは少ないのです。したがって，多くの人々が特別活動を受けているにもかかわらず，「知らない」あるいは「わからない」と答えることがほとんどなのです。

　では，この特別活動とは何なのでしょうか。図１-１はＡ小学校の卒業文集の内容を筆者が分類したものです。このなかの(1)～(8)が特別活動であり，(1)～(8)の合計で74.7％になります。ここから，小学校の「思い出」の多くが特別活動であることがわかるでしょう。

　図１-１の(1)，(2)，(3)，(6)を見ると「特別活動 ＝ 学校行事」と考える人が多いと思います。しかし，それは正解ではありません。(4)，(5)，(7)，(8)は学校

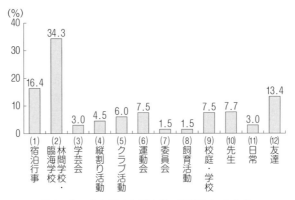

図1-1　Ａ小学校卒業文集（2011年）の内容

出所：筆者作成。

行事とは呼べない活動です。つまり，「特別活動 ＝ 学校行事」ではなく，「特別活動 ＝ 学校行事 ＋ （　　） ＋ （　　） ＋ （　　）」なのです。

2　特別活動 ＝ 学校行事 ＋ （　　） ＋ （　　） ＋ （　　）

　教科以外の教育活動にはどんなものがあるでしょうか。

　あらためて図1-1から教科以外の教育活動を取り出してみましょう。(1)宿泊行事，(2)林間学校・臨海学校，(3)学芸会，(4)縦割り活動，(5)クラブ活動，(6)運動会，(7)委員会，(8)飼育活動の８つでした。このなかで学校行事は，(1)宿泊行事，(2)林間学校・臨海学校，(3)学芸会，(6)運動会です。このように学校行事というのは特別活動を構成する活動の一つであるのは間違いありません。

　それでは(4)縦割り活動，(5)クラブ活動，(7)委員会，(8)飼育活動は何という活動になるのでしょうか。(5)クラブ活動はその名の通り「クラブ活動」であり，特別活動を構成する活動の一つです。そして，(4)縦割り活動，(7)委員会，(8)飼育活動はどれも「児童会活動」という活動の一つであり，児童会活動も特別活動を構成する活動の一つです。ここまでで「特別活動 ＝ 学校行事 ＋ （クラブ活動） ＋ （児童会活動） ＋ （　　）」ということが明らかになりました。残る一つは何でしょう。

3　特別活動 ＝ 学校行事 ＋ クラブ活動 ＋ 児童会活動＋（　　）

　残る一つは何か。それは特別活動のなかで重要な活動の一つである「学級活動」です。その中心となるのは話合い活動です。

　たとえば，「雨の日は外で遊べないので何か遊び道具を持ってきたい」とある児童から要望が出たとします。誰かが担任に要望を申し入れ，担任が何らかの形で回答します。これは学校生活改善の一つのプロセスです。

　しかし，このプロセスはインフォーマル（非公式）な方法であり，すべての児童に平等に保障されている民主的プロセスではありません。私たちは社会において何かを決めるとき民主的手続きを踏み，平等・公平・公正な決定がなされることが重要であり，そのために民主的なプロセスを学ぶ必要があります。そこで学級会において話合い活動（会議）の形を学びながら，社会において平等・公平・公正な民主的なプロセスを学んでいくのです。

　時間割に週1時間「学級活動」というコマがあります。学級活動は話合い活動のみを行う時間ではないのですが，話合い活動は重要な要素となります。

　「学級活動」には，話合い活動以外にどのような活動があるでしょうか。たとえば基本的生活習慣に関する指導や食育，清掃活動，クラスドッジボール大会なども含まれます。また，2017（平成29）年改訂の学習指導要領では，さらに小学校に「キャリア形成」が加えられました（中学・高校は，以前の「学業と進路」が「キャリア形成」に変わりました）。要するに話合い活動を含むクラスに関する生活指導的活動すべてがこの「学級活動」に含まれるのです。

2　特別活動の構造

1　特別活動の構造とは？

　前節で明らかにした内容を整理すると特別活動の構造は表1-1のようになります。

　小学校が4つの内容であり，中学校と高等学校が3つの内容となります。

小学校の特別活動を定義すると次のようになります。

> 小学校における特別活動とは，学校教育における「学級活動」，「児童会活動」，
> 「クラブ活動」，「学校行事」を総称したものである。

中学校と高等学校の特別活動は次のように定義されます。

> 中学校における特別活動とは学校教育における「学級活動」，「生徒会活動」，「学
> 校行事」を総称したものである。(クラブ活動は存在しない)
> 高等学校における特別活動とは学校教育における「ホームルーム活動」，「生徒会
> 活動」，「学校行事」を総称したものである。(クラブ活動は存在しない)

「学校行事」以外，すべて「活動」という言葉がついていることは，特別活動の特色です。「なすことによって学ぶ（Learning by doing）」を基本原理としているのです。このことは本書第2章に詳しく書かれています。

2 用語上の留意点

ここで用語上あるいは内容上の違いを2点確認しておきます。

①学級活動とホームルーム活動

小学校と中学校は「学級活動」であり，高等学校は「ホームルーム活動」です。その違いは何なのでしょうか。

それは，「学級 ＝ 学習集団」であり，「ホームルーム ＝ 生活集団」であるということです。小学校と中学校は，学習集団と生活集団が同一であるため，すべて「学級」と表し，「学級 ＝ 学習集団 ＝ 生活集団」となります。一方，高等学校はコースや選択科目等によりさまざまな学習集団が存在します。しかし，生活集団は固定されていないため，固定した生活集団をつくり，それを「ホームルーム」と呼んでいるのです。

②小学校にはクラブ活動があり，中学校・高等学校にはクラブ活動がない

表1-2のようにクラブ活動とは必修クラブのことをいいます。小学校では

表1-1　特別活動の構造（構成する活動）

小学校	学級活動	児童会活動	クラブ活動	学校行事
中学校	学級活動	生徒会活動	—	学校行事
高等学校	ホームルーム活動	生徒会活動	—	学校行事

出所：「学習指導要領」（2017，2018年告示）より筆者作成。

表1-2　クラブ活動と部活動の違い

	参加形態	実施時間	実施校種
クラブ活動	必修 （全員参加）	就学時間内 （授業時間内）	小学校
部活動	選択 （希望者）	就学時間外 （放課後）	中学校・高等学校 一部の小学校

出所：「学習指導要領」（2017，2018年告示）より筆者作成。

教育課程上に位置づき，「教育課程内（就学時間内）に行われる」「全員参加」の活動です。したがって，時間割上に位置づけられており，全国どこの小学校でも実施されなければならないものです。

　中学校・高等学校では小学校のようなクラブ活動は存在せず，部活動が行われています。しかし，1958（昭和33）年学習指導要領より1998（平成10）年学習指導要領までの40年あまりは，中学校・高等学校においても小学校同様に教育課程に位置づけられていました。つまり，小学校と異なり中学校・高等学校ではクラブ活動と部活動が併存する状態だったのです。しかし，現実的には活動自体が重複し部活動が活動の中心となり，クラブ活動が吸収されていったという経緯があります。現在，中学校・高等学校で行われているのは「教育課程外（就学時間外）に行われる」（＝放課後）「自由参加」（＝希望者）の「部活動」です。この部活動は小学校でも実施されている地域があります。

3　特別活動の具体的内容

　詳細は本書第3章以降で扱われるため，ここでは小学校に焦点を当てて概略を述べておきます。

①小学校の学級活動でどんなことがされていたか

　学級活動には，3つの活動内容があります（表1-3）。

　1つ目は，「学級や学校における生活づくりへの参画」です。小学校の頃を思い返してみると，クラスの目標や月ごとの目標を決めたり，クラスの歌を決めたり，遊び方を決めたり，登下校のルールを決めたりと，学級生活上の課題を話し合うことが行われていたはずです。これは，集団による集団や個への指導です。とくに2017年学習指導要領では，合意形成を図ることや学級の枠を超えた多様な集団活動が求められています。

　2つ目は，「日常の生活や学習への適応と自己の成長及び健康安全」です。新学期に新しい学年の心構えの話や給食（食事）の大切さ，勉強の仕方，夏休みの過ごし方，友だちの大切さ，歯や身体を大切にすること，防災の話など先生から話されたり，話し合ったりしたことを思い出してください。これらは，個人の適応や成長・健康安全に関する内容のものです。

　3つ目は，「一人一人のキャリア形成と自己実現」です。小学校で2017年学習指導要領に新設（中学・高校では改変）されたものです。キャリア形成，自己実現という概念を小学校から扱うことになったのです。発達段階を踏まえての指導であることは当然ですが，なぜ小学校からなのでしょうか。それはキャリアという言葉を広くとらえ，自分の生き方や自己実現と結びつけて考えるということだからです。つまり，従来行われていた「中学生になったら何を勉強したい？」「中学生になったら何をやりたい？」「大人になったらどんな仕事がしたい？」などという自己実現へ向かうプロセスをキャリア形成と位置づけたのです。「キャリア ＝ 仕事」という狭い範囲のことではないのです。

②小学校の児童会活動でどんなことがされていたか

　学校全体で集まる全校朝礼は2つあります。一つは教員主導のもので，もう一つは児童会主催の児童会集会です。とくに小学校では，それぞれ週1回行われていることが多いです。児童会は，児童による自発的，自治的な活動による学校生活づくりです。高学年のリーダーシップにより異年齢集団を組織して縦割り活動などを展開します。たとえば，学校全体や学校周辺の清掃・美化，なわとび大会による体づくりの計画・立案・実施等，さまざまな活動があります。

表1-3　小学校学級活動の3つの活動内容

(1) 学級や学校における生活づくりへの参画
(2) 日常の生活や学習への適応と自己の成長及び健康安全
(3) 一人一人のキャリア形成と自己実現

出所：「小学校学習指導要領」（2017年告示）より。

表1-4　学校行事の5つの分類

(1) 儀式的行事
(2) 文化的行事
(3) 健康安全・体育的行事
(4) 旅行・集団宿泊的行事
(5) 勤労生産・奉仕的行事

出所：「小学校学習指導要領」（2017年告示）より。

これらのことは教員の指導のもと，将来社会を形成していくうえで大切な自発的，自治的な活動を身に付ける活動となります。

③小学校のクラブ活動でどんなことがされていたか

クラブ活動は主として第4学年以上の児童が学年を離れ，同好の児童による異年齢集団（縦割り集団）での活動を行います。年度当初に既存のクラブや新しく立ち上げるクラブなどにより募集や決定が行われ，活動が始まります。部活動とは異なり，教員の指導のもと全員参加で時間割内に行われます。

④小学校の学校行事でどんなことがされていたか

学校行事というと楽しいことがたくさん思い浮かぶと思います。遠足，運動会，音楽会，文化祭，林間学校，臨海学校，修学旅行，これらはすべて学校行事です。そのほかに入学式，卒業式，防災訓練，交通安全，防犯教育，健康診断，地域清掃，校内美化なども学校行事です。つまり，生活を豊かにする楽しい行事と生活を整える基盤的行事との2つがあるのです。

一方，学習指導要領では，学校行事は目標にしたがって5つの分類（表1-4）がされています。それぞれ詳細は次章以降で解説していきます。

3　特別活動の特徴

特別活動は，1947（昭和22）年の自由研究^{*1}から始まり学習指導要領の改訂ごとに大小さまざまな変更が加えられ現在に至っているため，その構造は強固な

＊1　現在の夏休みの自由研究とは異なる。総合的な学習の時間に近い教科統合型学習と特別活動を合わせた領域だった。

ものではありません。その一方で70年の変化のなかで大切にしてきた部分があり，それらが特別活動の特徴として現在も引き継がれています。

ここでは，特別活動の特徴を「自由研究から特別活動までの目標や内容において重視してきた概念」と考えます。これまでの目標や内容を分析してみると，次の6つの特徴にまとめられます。

1　集団を基礎とする教育

- 集団による個を育てる教育
- 集団による集団を育てる教育

1968（昭和43）年より学習指導要領に示された特別活動の目標は一つに集約[*2]されました。その冒頭に「望ましい集団活動を通して」とあり，これは2008（平成20）年まで40年間変わらずにきました。2017年においても「様々な集団活動に」とあります。内容的にも学級活動（ホームルーム活動），児童会活動（生徒会活動），クラブ活動，学校行事とその活動ベースは個人ではなく集団です。

また集団による教育ではありますが上記の「集団を育てる教育」だけであってはいけません。それだけでは集団主義や全体主義に偏る可能性があります。目標にあるように集団と共に「自己」を育てなければなりません。「個を育てる教育」でもあるということが重要です。集団による「集団を育てる教育」は，日本は文化的に得意であり理解しやすく実践しやすいため，こちらのみに陥りやすいのですが，重要なことは集団により個を育てるという点を見落とさないことです。

2　生活の基盤を育てる教育

- 基本的行動様式を育てる
- 行事等を通して生活の基盤を育てる

＊2　特別活動の目標や内容については，本書第2章参照。

　学級活動やホームルーム活動では個と集団の基本的行動様式を学びます。そこには大きく生活習慣と学習習慣の2つがあります。週1時間の活動時間のなかでそれらをさまざまな形で学ぶのです。集団で気持ちよく生活するには，個は何を考え何をすべきか，集団は何を考え何をすべきか，学級やホームルームで話し合うのです。

　また行事等を通して社会の習慣や文化等を学び，個の生活と共に社会の生活を学びます。そこには個と社会の接点や共存による社会性の育成や生活基盤の構築などがあります。学級やホームルームのなかだけでなく，学校や社会にはどのような慣習や行事があり，生活にとってどのような意味や効果があるのかを学校行事という活動を通して学ぶのです。

▇3▇　人間性を育てる教育

- 人間性の基本を育てる
- 人間性の価値ある部分を育てる

　特別活動は，どの活動においても教科以上に人間性を育てる側面が強いというのが大きな特徴です。それは，もともと日本の学校教育が教科以外において教育に大切なことは何かということを考え，さまざまな活動を取り入れられているためです。その内容の多くが人間性を育てるために必要な活動が選ばれています。本章の最初において小学校の卒業文集を取り上げましたが，子どもたちが記述した自分が成長したと思われる出来事の多くが特別活動であることがその証です。

　人間性の価値という点では道徳教育と通じる部分があります。そのため，特別活動の領域がつくられた当初は共有していた部分があり，学習指導要領の記述において併記されていました。現在は道徳教育とは異なるアプローチで，人間性の価値ある部分を活動を通して感じさせ，考えさせ，育てることが特別活動の目的となっています。

4　民主的社会性を育てる教育

- 個対個（インフォーマルグループ）の民主的社会性を育てる
- 個対集団（フォーマルグループ）の民主的社会性を育てる

　ここでは，民主的社会性を「社会性と市民性との両面を合わせた概念」と考えます。社会性教育とは，社会的コミュニケーションのことであり，個対個や個対集団におけるコミュニケーションに関する教育のことです。われわれは一人で生きていくのでも，生きているのでもありません。社会のなかで個を大切にし，集団を大切にしていくのです。そのためには社会的コミュニケーションが大切な概念であり，育てなければいけない側面なのです。

　さらに社会の一員としてよりよい行動とは何かという志向性をもつとき，それは市民性教育となります。これは道徳教育と通じる部分でもあります。社会のなかで市民とはどうあるべきか，社会と市民とはどのような関係であるべきか，特別活動においてさまざまな活動を通して考え，行動できるように育てることが重要です。

5　生活の豊かさを育てる教育

- 個や集団に対して生活の豊かさとしての趣味を育てる
- 個や集団に対して豊かさとしての文化や伝統を育てる

　学校教育は必要十分な内容を考えることが基本です。教科教育に関しては学習指導要領が教育内容の最低基準として示されています。一方，教科外教育の一つである特別活動では，必要十分な内容に加えて豊かさを育てる内容が2つ加えられています。一つはクラブ活動であり，もう一つは学校行事です。

　クラブ活動の成り立ちは，正課外（放課後）にさまざまな趣味に対して同好の士が集まり自然発生的に行われた活動です。したがって，本来，不参加を含め自由な活動であるべきものです。しかし，現代においては文化の享受や豊かさを教育的価値のあるものと考え，すべての子どもたちが受けるべきとされ，小学校においてはカリキュラム化されているのです。

　このことは中学校・高等学校においては選択性である部活動として存在しています。教育課程外ではありますが，上記の通りその本質的部分においては同様です。問題は本質的理解の上に運用を検討することです。豊かさとは何かというところからクラブ活動や部活動をとらえなければなりません。

　学校行事は，国・地域・学校の文化を経験し，継承することで文化的な豊かさを育てるとともに日常生活に変化と規則をもたらすものです。また，人間関係の形成においても特別活動の目標(1)にある「多様な他者と協働」する機会ができることや，そのことにより目標(2)にある「合意形成」[*3]の経験ができることは生活を豊かにすることにつながります。

6　主体的，自立的人間を育てる教育

- さまざまな活動を通して主体的，自立的な個人を育てる
- さまざまな活動を通して主体的，自立的な集団を育てる

　特別活動を通して，どのような人間像を目指すのかというと，人生において主体的で自立的な人間になることです。学校教育は教科教育的側面から子どもたちを育て評価するという大きな役目があります。それは人格形成におけるあるいは人間教育における一面です。

　別の側面には教科以外の教育があり，その大きな部分は特別活動です。子どもたちにとって，学校が教科だけであれば学校からの評価や他者からの評価は教科による評価のみとなります。それは人間を一面からしか見ず，一面からしか評価していないということになります。しかし，特別活動が存在することで，教科での評価と特別活動での評価とで人間を多面的に見ることができ，多面的に評価し，多面的に教育をすることができるのです。それは，われわれすべての人間が，成長するとは何か，人格の完成とは何か，人間を教育するとは何かを考え，教育をつくりだす時の考え方の基本となります。

＊3　「小学校学習指導要領」第6章「特別活動」第1「目標」。中学校や高等学校の学習指導要領にも同様の記載がある。

13

まとめ

　本章では，特別活動とは何かということを構造と特徴からとらえました。特別活動は誰もが受けている教育なのですが，どの教育が特別活動であるかはわかりにくいものです。そこで第1節では，これまで受けてきた教科以外の教育を思い出し，そのなかから特別活動の具体的内容をとらえました。小学校・中学校・高等学校の教科の勉強以外のことを思い出してみると，その大部分が特別活動であることがわかりました。第2節では，思い出した具体的内容をもとに特別活動の構造をとらえました。特別活動の構造は1947年から少しずつ出来上がったもので，はじめから強固な構造が存在していたわけではありません。現在は小学校で4つの活動，中学校・高等学校で3つの活動となっています。そしてその集合体を特別活動と呼びます。第3節では，特別活動の特徴を明らかにしました。構造を分析していくと特別活動の特徴がわかります。特徴を明らかにすることで，特別活動を実践するうえで何を目的にどのような内容にすればよいのか，そしてどのような方法で実施できるかの背景がわかります。

 さらに学びたい人のために

○門脇厚司『子どもの社会力』岩波書店，1999年。

　著者は「人と人がつながる力」「社会をつくっていく力」を「社会力」と表しています。これはまさに特別活動で育てる力です。特別活動の3つの視点である「人間関係形成」「社会参画」「自己実現」と重なります。この本では，特別活動とは別の視点から社会性の大切さをとらえています。別の視点からの学びは，特別活動の多角的で深い理解と学びにつながります。

○奈須正裕（編集代表），上岡学ほか（編著）『子どものくらしを支える教師と子どもの関係づくり』ぎょうせい，2014年。

　教師と子どもで学校生活をつくり，教育の基盤をつくる実践と分析が行われています。特別活動における「学級活動（ホームルーム活動）」に関わるさまざまな実践が紹介されています。「朝の会」によってどのように子どものくらしをつくるのか，「教室環境をつくる」ことによって教室の文化はどのようにつくられるのか，「日記やノート指導」で教師と子どもはどのように関係づくりができるか，など詳しく学べます。

第2章

特別活動の目標および主な内容

● ● ● 学びのポイント ● ● ●

- 学習指導要領全体の趣旨と特別活動の目標との関係を知る。
- 「集団や社会の形成者としての見方・考え方を働かせ」の意味を考える。
- 「なすことによって学ぶ」「望ましい集団を通して」などの特別活動の特徴について考える。
- 特別活動で身に付けるべき資質・能力は何かについて知る。

どんな特徴があるか比べてみよう

　次のAとBの文章の類似点を見つけてください。互いに類似している表現の候補を○で囲っていますので，例にならい，似ている箇所どうしを線で結んでください。

文章A

　これからの学校には，こうした教育の目的及び目標の達成を目指しつつ，一人一人の生徒が，自分のよさや可能性を認識するとともに，あらゆる他者を価値のある存在として尊重し，多様な人々と協働しながら様々な社会的変化を乗り越え，豊かな人生を切り拓き，持続可能な社会の創り手となることができるようにすることが求められる。このために必要な教育の在り方を具体化するのが，各学校において教育の内容等を組織的かつ計画的に組み立てた教育課程である。

　教育課程を通して，これからの時代に求められる教育を実現していくためには，よりよい学校教育を通してよりよい社会を創るという理念を学校と社会とが共有し，それぞれの学校において，必要な学習内容をどのように学び，どのような資質・能力を身に付けられるようにするのかを教育課程において明確にしながら，社会との連携及び協働によりその実現を図っていくという，社会に開かれた教育課程の実現が重要となる。

文章B

　集団や社会の形成者としての見方・考え方を働かせ，様々な集団活動に自主的，実践的に取り組み，互いのよさや可能性を発揮しながら集団や自己の生活上の課題を解決することを通して，次のとおり資質・能力を育成することを目指す。
(1) 多様な他者と協働する様々な集団活動の意義や活動を行う上で必要となることについて理解し，行動の仕方を身に付けるようにする。
(2) 集団や自己の生活，人間関係の課題を見いだし，解決するために話し合い，合意形成を図ったり，意思決定したりすることができるようにする。
(3) 自主的，実践的な集団活動を通して身に付けたことを生かして，集団や社会における生活及び人間関係をよりよく形成するとともに，自己の生き方についての考えを深め，自己実現を図ろうとする態度を養う。

● 導　入 ● ・ ・ ・ ・ ・ ・ ・

　特別活動の内容には，学級活動（高等学校ではホームルーム活動），生徒会活動（小学校では児童会活動），クラブ活動（小学校のみ），学校行事の 4 つの活動があります。学習指導要領には，それぞれの活動における目標が明記されています。詳細は本書の別章に譲りますが，学習指導要領では，これらを包括した特別活動全体にわたる目標が特別活動の章の最初に掲げられています。

　本章では，この特別活動全体の目標の内容を理解し，特別活動の特徴と理念について考察します。

・ ・ ・ ・ ・ ・ ● ● ●

1 特別活動の目標

1　小学校，中学校，高等学校の特別活動の目標

　「学習指導要領」における小学校，中学校，高等学校の特別活動の目標の文章は，「児童」「生徒」などの表現を除いてほぼ同一になっています。それは，小中高の校種間の連携，指導の一貫性や蓄積が強く求められているからです。一方，目標の文章が同一であるからと言って小学校でも高等学校でも同じ活動をするわけではありません。集団や人間関係，自己実現のニーズは，上級学校に進学するたびに，そして学年が変わるごとに変化します。こういった環境の変化と児童生徒の発達段階に応じて，実際の活動内容も具体的な指導のあり方も変化させる必要があります。

2　学習指導要領の「前文」と特別活動の目標との関係

　2017（平成29）年に告示された小学校と中学校の学習指導要領，翌年に告示された高等学校学習指導要領には，「前文」が書かれるようになりました。これは，1958（昭和33）年以降の学習指導要領の歴史のなかで初めてのことです。

　小中高の「前文」は「児童」「生徒」など一部の表現を除き，同一の文章と

なっています。「前文」は，今回の改訂の「理念を明確にし，社会で広く共有される[*1]」ために設けられましたので，それを読むと，小中高の学習指導要領全体に通底する教育課程の考え方やとくに今回の改訂で重視されていることを把握することができます。

　実は，本章の WORK の 文章A は，「中学校学習指導要領」の「前文」の一部です。そして， 文章B は，同じく「中学校学習指導要領」の「第6章　特別活動」の「第1　目標」の全文です。WORK で確認していただいたように，両者は瓜二つと言っていいほど類似しています。この関係は，小学校や高等学校の学習指導要領でも同じです。

　確認してみましょう。前文の「自分のよさや可能性を」や「あらゆる他者を価値ある存在として尊重」の部分は，特別活動の目標（以下，「目標」）の「互いのよさや可能性を」に対応しています。前文の「多様な人々と協働し」の部分は，目標の「多様な他者と協働する」と同じです。前文の「社会的変化を乗り越え」や「持続可能な」の部分は目標の「課題を解決する」や「課題を見いだし，解決する」にあたります。また，前文の「社会の創り手となる」や「よりよい社会を創る」という部分は，目標の「集団や社会の形成者として」の部分に通じます。さらに，前文の「豊かな人生を切り拓き」の部分は，目標の「自己の生き方」につながります。

　このように，特別活動の目標は，新しい学習指導要領の特色を，最も直接的に表現したものになっています。特別活動を重視することは，新しい学習指導要領の趣旨を尊重することになります。

2　「望ましい集団活動を通して」とは

1　これまでの「望ましい集団活動を通して」

　学習指導要領で「特別活動」という名称が使われるようになったのは，小学

＊1　文部科学省「小学校学習指導要領解説　総則編」2017年，p. 6。

校では1968（昭和43）年，中学校では1969（昭和44）年告示の学習指導要領から
です。そしてこの時から，特別活動の目標に，「望ましい集団活動を通して」
という文言が使われてきました。1970（昭和45）年告示の高等学校学習指導要
領では，特別活動は，「各教科以外の教育活動」とされていましたが，その目
標には，やはり，「望ましい集団活動を通して」という表現が使われていまし
た。

　「望ましい集団活動を通して」というのは，特別活動の特質であり，方法原
理です。「特質」とは，これがなければ「特別活動」としての活動とは呼べな
いというものです。「方法原理」というのは，教師が児童生徒を指導する際に
使う教育方法の理論的基盤となっているということです。つまり，特別活動で
あるかぎり，児童生徒は必ず「望ましい集団活動を通して」活動を行うもので
あり，特別活動の指導にあたっては，教師は必ず「望ましい集団活動を通し
て」という理論と方法に基づいて指導を行うことになっているということです。
もちろん，児童生徒が自ら成長する方法として「望ましい集団活動を通して」
成長するのだという考え方もできます。

　それでは，「望ましい集団活動」とはどのような活動なのでしょうか。残念
ながらこれまでの学習指導要領の本文のなかには，それを直接説明する箇所が
ありませんでした。ただ，「小学校学習指導要領解説　特別活動編」（2008年）
には，望ましい集団活動の条件として次の 6 点が明記されていました。[*2]

> ア　活動の目標を全員でつくり，その目標について全員が共通の理解をもってい
> 　　ること。
> イ　活動の目標を達成するための方法や手段などを全員で考え，話し合い，それ
> 　　を協力して実践できること。
> ウ　一人一人が役割を分担し，その役割を全員が共通に理解し，自分の役割や責
> 　　任を果たすとともに，活動の目標について振り返り，生かすことができること。
> エ　一人一人の自発的な思いや願いが尊重され，互いの心理的な結び付きが強い
> 　　こと。

＊2　文部科学省「小学校学習指導要領解説　特別活動編」2008年，p. 9。

オ　成員相互の間に所属感や所属意識，連帯感や連帯意識があること。
カ　集団の中で，互いのよさを認め合うことができ，自由な意見交換や相互の関係が助長されるようになっていること。

　一方，このような明快な説明は，中学校や高等学校の学習指導要領解説にはありませんでした。明確に規定されていないことが批判されていましたが，同時に，規定がないからこそ，児童生徒も教師も「望ましい集団活動」とは何かを問い続けることになり，それがより深い学びにつながっていたという見方もありました。

2 「望ましい集団活動を通して」に代わるもの

　2017（平成29）年に告示された新しい学習指導要領では，小中高いずれにおいても，「望ましい集団活動を通して」という表現が目標で使われなくなりました。それに代わって「集団や社会の形成者としての見方・考え方を働かせ，様々な集団活動に自主的，実践的に取り組み，互いのよさや可能性を発揮しながら集団や自己の生活上の課題を解決することを通して」という文が追加されました。しかし，これは，「中学校学習指導要領解説　特別活動編」などが言及しているように，これまでの特別活動の基本的な性格を転換するものではなく，これまでの特別活動の目標において「望ましい集団活動を通して」としてきたことを具体的に示したもの[*3]となっています。つまり，「望ましい集団活動を通して」という，特別活動の特質と方法原理は，新しい学習指導要領でも継承されているのです。[*4]

＊3　文部科学省「中学校学習指導要領解説　特別活動編」2017年，p. 12。
＊4　同上書，p. 7。「小学校学習指導要領解説　特別活動編」2017年，や「高等学校学習指導要領解説　特別活動編」2018年でも同様。

3 特別活動の見方・考え方

▌1▐　学習指導要領のなかの「見方・考え方」

　それでは「見方・考え方」とは何なのでしょうか。これについては，学習指導要領の総則のなかの「主体的・対話的で深い学びの実現に向けた授業改善」[*5]に次のように書いてあります。[*6]

> 　各教科等において身に付けた知識及び技能を活用したり，思考力，判断力，表現力等や学びに向かう力，人間性等を発揮させたりして，学習の対象となる物事を捉え思考することにより，各教科等の特質に応じた物事を捉える視点や考え方（以下「見方・考え方」という。）が鍛えられていくことに留意し，生徒が各教科等の特質に応じた見方・考え方を働かせながら，知識を相互に関連付けてより深く理解したり，情報を精査して考えを形成したり，問題を見いだして解決策を考えたり，思いや考えを基に創造したりすることに向かう過程を重視した学習の充実を図ること。

　つまり，各教科等の特質に応じた物事をとらえる視点や考え方が「見方・考え方」です。そして，「中学校学習指導要領」の場合，各教科等の目標には，それぞれ，「言葉による見方・考え方を働かせ」（国語），「社会的な見方・考え方を働かせ」（社会），「数学的な見方・考え方を働かせ」（数学），「探究的な見方・考え方を働かせ」（総合的な学習の時間）などといったように書かれており，各教科等の特質に応じた物事をとらえる視点や考え方が示されています。

　さて，特別活動の場合は，「特別活動の見方・考え方を働かせ」ではなく，「集団や社会の形成者としての見方・考え方を働かせ」となっています。つま

＊5　「小学校学習指導要領」と「中学校学習指導要領」では第3「教育課程の実施と学習評価」1「主体的・対話的で深い学びの実現に向けた授業改善」(1)（2017年告示）。「高等学校学習指導要領」では第3款「各科目にわたる指導計画の作成と内容の取扱い」1の(1)（2018年告示）。

＊6　「中学校学習指導要領」第3「教育課程の実施と学習評価」1「主体的・対話的で深い学びの実現に向けた授業改善」の(1)。小学校や高等学校の学習指導要領でも同様。

り，特別活動の特質が「集団や社会の形成者として」にあるということが，より明示的に表現されています。

2 集団や社会の「形成者」

　ここで，「形成者」とは単に構成員であることを意味しません。「形成者」とは，集団や社会を創っていく人です。学習指導要領の前文の表現を借りると「持続可能な社会の創り手」を指します。したがって，ここに書かれている「集団」や「社会」は，固定的なものではありません。どこかに絶対的に正しい「集団」や永久に不変の理想的「社会」があることを想定していません。「集団」や「社会」は創っていくものであり，形成していくものであり，常に変化するものであり，よりよくしていくものなのです。

　この点が，これまでの学習指導要領で用いられてきた「望ましい集団」と共通しています。はじめから「望ましい集団」といったものはありません。「望ましい集団」は固定したものでもありません。よりよい集団の状態が常に追求されるのです。そしてその指針となるのが「望ましい集団の条件」なのです。

　それでは，ここで言う「形成者」とは，大人なのでしょうか，それとも児童生徒なのでしょうか。児童生徒は20年後，30年後には，大人の集団や社会に属することになりますので，未来における集団や社会の「形成者」を意味すると解釈することができます。未来において大人の「形成者」となれるように，それから遡って，高等学校，中学校，小学校の期間に，将来必要な資質・能力を養うべきだという説明です。しかし，この説明には落とし穴があります。児童生徒が属している現在の集団や社会のなかで，児童生徒自身が現在も「形成者」となっているという側面を軽視していることです。

　児童生徒は未熟であるので，「形成者」にはなれないのだとの反論があるかもしれません。しかし，そもそも，完成形としての「形成者」はあり得ません。大人であっても，日々，自分の集団や社会を創り続けなければ，社会は持続可能でなくなってしまいます。想定外のことが次々と起こってしまう現代社会では，正解といったものはなく，悩みながら，失敗しながら，その時点時点で，

よりよい選択肢と思われるものを探し続けることによって社会を形成していかなければならないのです。

3　小さな社会

　児童生徒は，学級や学校，そして，地域や，より大きな社会の一員です。児童生徒自身が，自分が所属する集団や社会をよりよくしようとして，課題を見つけ，計画を立て，実際に実行してみて，さらに考える，というのが，「集団や社会の形成者としての見方・考え方を働かせ」る特別活動の特質です。そして，特別活動のなかでも，集団や社会の形成者としての見方・考え方を直接的に働かせるのが，本書の別の章で扱っている，児童会活動，生徒会活動，学級活動(1)〔学級や学校における生活づくりへの参画〕，ホームルーム活動(1)〔ホームルーム活動や学校における生活づくりへの参画〕なのです。[*7]

　学校は小さな社会と言われます。これは教育学者の J. デューイ（Dewey, J.：1859-1952）が『学校と社会』のなかで，「a miniature community」[*8]「a little community」[*9]（小型の共同社会）と表現したものです。そして，『学校と社会』の原著の書名が，「The School and Society」となっている点に注目すべきです。もしこれが，「The School and the Society」であったとすると，「学校」と「社会」は別々のものであって，その別々のものどうしの関係を述べることになります。しかし，実際の書名には，the が一つしか使われていません。英文法でよく解説されるように，a black and a white cat が黒猫 1 匹と白猫 1 匹の合計 2 匹の猫を指すのに対して，a black and white cat は白黒模様の 1 匹の猫を指します。それと同じように，The School and Society は，別々のものを指すのではなく，一つのものを指しています。つまり，学校は学校である

＊7　「学級活動・ホームルーム活動」は本書第 5，6 章，「児童会活動・生徒会活動」は本書第 7，8 章をそれぞれ参照。

＊8　Dewey, Jhon.（1956）The School and Society, 1900, 1915（revised edition）in *The Child and the Curriculum and The School and Society*, The University of Chicago Press.　なお，邦訳は本書 p. 28 の「さらに学びたい人のために」参照。

＊9　同上書，p. 18, 29。

と同時に社会でもあるべきであるという考え方が，この書名に表れているのです。「集団や社会の形成者としての見方・考え方を働かせ」と言うとき，それは，学校が小さな社会であり，児童生徒はその形成者であるということを前提にしています。

4 なすことによって学ぶ

特別活動の目標には，「集団や社会の形成者としての見方・考え方を働かせ」という部分に続いて，「様々な集団活動に自主的，実践的に取り組み，互いのよさや可能性を発揮しながら集団や自己の生活上の課題を解決することを通して，次の通り資質・能力を育成することを目指す」と書いてあります。このように，取り組む，発揮する，解決する，といった動詞が使われていることから，特別活動は実際に何かをすることが前提となっていることがわかります。この，なすことによって学ぶことが特別活動のもう一つの特質です。

なすことによって学ぶという考え方は，先述の J. デューイの思想が基盤となっていますが，大切なことは，ただ単に活動するだけでは学びが深まらないということです。デューイは，「constant reorganizing or reconstructing of experience」[10]（経験を絶えず再組織または改造すること）が教育であるとしています。学びは，子どものなかから開花するようなものではなく，また，外から既存の知識を注入するようなものでもなく，子どもが自分の経験をよりよくしようと考えて実践することから獲得されるとデューイは主張しています。

活動の主体である児童生徒にとっては，集団や自己の生活上の課題を解決し，自らの経験をよりよくすることが当面の目的となります。このことが児童生徒の自発的な取り組みの根拠になり，動機付けとなり，活動を主体的なものにします。そして，この当面の目的を達成する過程において，次節で述べる資質・能力を児童生徒が身に付けるようになることが，特別活動の目標とされています。この順序が非常に大切です。遠い将来の生活に役立たせるための資質・能

---

*10 Dewey, John (1916). *Democracy and Education*, Macmillan Company, p. 80.

力を身に付けるために，現在の経験を軽視したり犠牲にしたりして学ぶのではないのです。現在の児童生徒の経験の質を自分たちでよりよくすることを最優先させることが先にあり，その過程を通して，将来の生活に役立つような資質・能力を身に付けるのです。これが，特別活動の特徴の一つである，「なすことによって学ぶ」という考え方です。

5　特別活動によって身に付けるべき資質・能力

1　学習指導要領のなかの「資質・能力」

　2017年に告示された新しい学習指導要領の解説では，従来から重視されてきた「生きる力」をより具体化し，教育課程全体を通して育成を目指す資質・能力を，以下の3つの柱に整理しています。[*11]

> ア　「何を理解しているか，何ができるか（生きて働く「知識・技能」の習得）」
> イ　「理解していること・できることをどう使うか（未知の状況にも対応できる「思考力・判断力・表現力等」の育成）」
> ウ　「どのように社会・世界と関わり，よりよい人生を送るか（学びを人生や社会に生かそうとする「学びに向かう力・人間性等」の涵養）」

　そして，各教科等の目標や内容についても，この3つの柱に基づく再整理が図られています。特別活動の目標も3つの柱に基づいて，児童生徒が身に付けるべき資質・能力が説明されています。以下の 2 ～ 4 で，これらの3つの資質・能力について見ていきます。

2　生きて働く「知識・技能」

　特別活動の「知識・技能」は，「(1)多様な他者と協働する様々な集団活動の

＊11　文部科学省「小学校学習指導要領解説　特別活動編」2017年，p. 3。

意義や活動を行う上で必要となることについて理解し、行動の仕方を身に付けるようにする」として説明されています[12]。集団活動の意義を理解することと、活動を行ううえで必要となることについて理解することが「知識」にあたります。そして「技能」としては、行動の仕方を身に付けることがあげられています。

　また、上記の解説箇所では特別活動の「社会参画」の視点が提示されています。さらに重要なことは、「多様な他者と協働する」という文言が含まれていることです。価値観や考え方や行動様式がまったく同じであるような集団は想定されていません。同調圧力によって考え方を画一化したうえで集団行動をとるといったことも期待されていません。グローバル化した社会では、宗教観、世界観、生活様式が異なった多様な他者が、自分の集団のなかに存在するのが当たり前になっています。考え方や習慣が違っていても、互いの生活をよりよくするために何をすべきかを考え行動することが、多様な他者と協働するための基盤となります。これらは、学習指導要領の前文が示す、「自分のよさや可能性を認識するとともに、あらゆる他者を価値のある存在として尊重し、多様な人々と協働」するための資質・能力になります[13]。

3　未知の状況にも対応できる「思考力・判断力・表現力等」

　特別活動の「思考力・判断力・表現力等」は、「(2)集団や自己の生活、人間関係の課題を見いだし、解決するために話し合い、合意形成を図ったり、意思決定したりすることができるようにする」として説明されています[14]。

　抽象的な思考力・判断力・表現力等ではなく、「集団や自己の生活、人間関係の課題」といった具体的な「未知の状況にも対応できる」思考力・判断力・表現力等が強く求められ求められている点が特別活動の特徴といえます。

　また、この解説の箇所に、特別活動の「人間関係形成」と「自己実現」の視

＊12　「小学校学習指導要領」第6章「特別活動」第1「目標」(1)（2017年告示）。
＊13　「小学校学習指導要領」前文（2017年告示）。「中学校学習指導要領」（2017年告示）も同様。
＊14　「小学校学習指導要領」第6章「特別活動」第1「目標」(2)（2017年告示）。

点が提示されています。人間関係を自分で作っていく力，そして，集団のなか
に自己を埋没させるのではなく集団のなかで自己を実現していく力です。

　さらに，「合意形成」という言葉が使われている点も重要です。「形成」とい
う言葉が使われていることに注目してください。最初から合意があれば，「形
成」する必要はありません。「形成」という表現があるということは，最初は
立場の違い，価値観の違い，意見の違いなどが存在するのだということを示唆
しています。その違いの存在を前提として，合意を形成するための，思考力・
判断力・表現力等を身に付けることが求められているのです。合意形成には，
人間関係を良好に保ちつつ，同時に，それぞれの自己実現を最大化することが
求められます。合意は，安易な多数決では得ることができません。第 2 節で述
べた，望ましい集団活動の条件のもとで，全員が納得するような形で結論を出
したときに初めて合意と呼べます。これらはすべて「未知の状況にも対応でき
る『思考力・判断力・表現力等』」なのです。

4　学びを人生や社会に生かそうとする「学びに向かう力・人間性等」

　特別活動の「学びに向かう力・人間性等」は，「(3)自主的，実践的な集団活
動を通して身に付けたことを生かして，集団や社会における生活及び人間関係
をよりよく形成するとともに，自己の生き方についての考えを深め，自己実現
を図ろうとする態度を養う」として説明されています。

　「集団や社会の形成者としての見方・考え方を働かせ」ることに直結した資
質・能力といえます。また，先述した，「集団や社会における生活及び人間関
係をよりよく形成」しようとすることや，集団や社会における「自己の生き方
についての考えを深め，自己実現を図ろう」とすることは，「自主的，実践的
な集団活動」をする出発点であり，基盤となっています。そして，その「自主
的，実践的な集団活動を通して身に付けたことを生かして」上記のことを身に
付けることが目指されています。ここに，なすことによって学ぶという特別活
動の特徴がよく表れているといえます。

まとめ ･･

　特別活動の目標が学習指導要領の前文の内容と酷似していることから，特別活動を重視することが学習指導要領の趣旨を尊重することになります。「集団や社会の形成者としての見方・考え方を働かせ」ること，「望ましい集団活動を通して」学ぶことが特別活動の特徴です。学校は小さな社会であり，その社会に参画し，そのなかで人間関係を形成し，自己実現をしていくこと，そのために，課題を見出し，解決するために話し合い，合意形成を図ったり，意思決定したりすることが特別活動です。課題解決などを目的として活動を行いますが，同時に活動を通して資質・能力を身に付けることになるところに，なすことによって学ぶという特別活動の特徴が現れています。

･･

 さらに学びたい人のために

○ジョン・デューイ，市村尚久（訳）『学校と社会・子どもとカリキュラム』講談社，1998年。

　プラグマティズム哲学者，教育学者のデューイはその哲学を教育実践として実現化するために，シカゴ大学の附属小学校を設立しました。その理念を一般向けに講演した内容がこの本に収められています。本章で触れた，「小さな社会」「なすことによって学ぶ」といった考え方も紹介されています。なお，2019年には東京大学出版会から新訳の『デューイ著作集6　教育1　学校と社会，ほか』（上野正道：訳者代表）が刊行されました。

○国立教育政策研究所（編）『資質・能力［理論編］』東洋館出版社，2016年。

　2017年に告示された新しい学習指導要領の理論的基盤となっている「資質・能力」が豊富な実践例とともにわかりやすく説明されています。

第3章

教育課程の位置づけと
各教科等との関連

● ● ● ● 学びのポイント ● ● ● ●

- 特別活動の教育課程上の位置を考察し，教育活動におけるその重要性について検討する。
- 特別活動の構成を理解し，その内容について歴史的変遷等を考察する。また，小・中・高等学校の共通点や特性等を検討する。
- 授業時数の取り扱い，他の教育活動（各教科等）および特別の教科道徳，総合的な学習（探究）の時間との関連等について検討する。
- 子ども個々のよりよいキャリア形成に資する授業のために，自己を生かす能力や社会参加意識のあり方などを検討する。

活動のプロセスを考えよう

A   B

　この2つのイラストは，特別活動の一場面です。Aでは子どもたちが学級活動の話し合いをしています。Bは運動会の障害物競走の活動場面です。
　AとBのイラストについて，以下の問いを考察してみましょう。

① この2つの活動で，子どもはどのような力を身に付けているのでしょう。

A		B	

② この場面に至るまでに，どのような学びを体験しているのでしょう。

A		B	

③ この活動までに，教師はどのような事前指導をしていると思いますか。
　下表に，グループでA・Bの具体例を話し合い，記録しましょう。

	事前指導の具体例	指導の時間数
A		
B		

● 導　入 ● ● ● ● ● ● ● ●

　特別活動は，各教科等と同様に教育課程を構成する一つです。本章では，その考え方や位置づけなどを明らかにするとともに各教科や道徳，総合的な学習の時間などとの関連について学び，特別活動の重要性を理解します。

　とくに，学校の教育活動としての特別活動はその意義や目標，子どもの活動実態などから，各教科等とはやや異なる教育課程上の位置づけも考える必要があります。それゆえ，教育課程そのものの意義や特別活動の歴史的な経緯なども視野に入れた学びが大切です。また，各教科をはじめ他の学習内容（教育活動）との関連を理解するには，特別活動の独自性や多様性，学びの体験としての柔軟性や発展性などについて探求する必要があります。

　そこでは，単に「関連づけて実施する」との発想から，子ども自らが「新たに何かを生み出す」ことを重視します。子どもがそれまでとは異なる自己の発見や新たな思考や能力を身に付ける特別活動の創出が期待できます。

● ● ● ● ● ● ● ● ●

1 教育課程の構成における特別活動の位置

1 教育課程とは

　教育課程とは，何なのでしょう。各学校が編成する教育課程について，「小学校学習指導要領解説　総則編」（2017年）では次のように示しています（下線筆者）[*1]。

> 　学校教育の目的や目標を達成するために，教育の内容を児童の心身の発達に応じ，授業時数との関連において総合的に組織した各学校の教育計画であると言うことができ，その際，学校の教育目標の設定，指導内容の組織及び授業時数の配当が教育課程の編成の基本的な要素になってくる。

言い換えれば，「子どもたちがよりよい自己成長を遂げるために，必要かつ

＊1　文部科学省「小学校学習指導要領解説　総則編」2017年，p. 11。「中学校学習指導要領解説　総則編」2017年，「高等学校学習指導要領解説　総則編」2018年にも同様の記載がある。

多様な経験を提供する学校のプログラム」ということができます。また，教育課程は「カリキュラム（curriculum）」の訳語とされ，人が歩む道・走路に由来しています。つまり「学びを創る筋道」ともいえます。

　小・中学校は義務教育であり，「公の性質を有するもの」です（教育基本法第6条）。したがって，全国的に一定の教育水準を確保し，全国どこにおいても同水準の教育を受けることのできる機会を国民に保障することが求められます。このために，国として一定の基準を設け，教育の目的と目標を達成するために適切な教育課程を編成し，実施することが大切です。

　その基準として，文部科学大臣が公示する「学習指導要領」があります。そこには，教育課程を編成し，実施する基本的な考え方（指導目標や授業時数の取り扱い等）や各教科等の学習の内容等がきめ細かに定められています。

　特別活動にあっても教育課程を構成する一領域として展開することから，この意義を踏まえてその内容を編成し，実施することになります。

２　教育課程における特別活動の位置

　それでは，特別活動は教育課程のどこに位置づけられているのでしょう。

　学校教育法施行規則（第50条）には，「小学校の教育課程は，国語，社会，算数，理科，生活，音楽，図画工作，家庭，体育及び外国語の各教科，特別の教科である道徳，外国語活動，総合的な学習の時間並びに特別活動によって編成するものとする」と示されています。同様に中学校では同規則の第72条，高等学校では第83条にその編成を定めています。

　また，それぞれの年間の標準授業時数・各学年の配当時数について，小・中・高では，ともに学校教育法施行規則（第51条の別表第１）において，「35」（第１学年は「34」）と示されています[*2]。また，その「備考」に「特別活動の授業時数は，小学校学習指導要領で定める学級活動（学校給食に係るものを除く。）に充てるものとする」と記されています[*3]。なお，児童会活動，クラブ活動および

＊2　小学校は学校教育法施行規則「別表第１」，中学校は同「別表第２」，高等学校は同「別表第3」に規定されている。

図3-1　特別活動の位置

注：小学校の場合，「第4章　外国語活動」が加わり，「第5章　総合的な学習の時間」「第6章　特別活動」となる。
出所：筆者作成。

学校行事については，小学校学習指導要領の総則（第2の3(2)）に「それらの内容に応じ，年間，学期ごと，月ごとなどに適切な授業時数を充てるものとする」と示しています。中学校，高等学校の場合も同様の記載があります。

　これらの位置づけにより，各学校では特別活動の目標や各内容[*4]を具体化する営みを展開しています。すなわち，「集団活動に自主的，実践的に取り組む」や「互いのよさや可能性を発揮する」「集団や自己の生活上の課題を解決する」などを目指す子どもたちの体験的・実践的な教育活動を重視しています。

　そのためには，特別活動の位置を単に各教科等との並列的存在として理解するだけでなく，その「独自性」とともに，各教科等に「横断的・漸進的に機能する存在」として考えることが重要です。この例について，図3-1に，中学校の場合を示します。

3　特別活動の機能性を生かす

　とりわけ，次代を生きる子どもたちの未来社会に向けた多様性と自立性を身に付ける特別活動のあり方を探求することがその実践に求められます。

　この考え方の一つとして，「中学校学習指導要領」の第1章「総則」の「第4生徒の発達の支援」の記述内容が示唆的です。そこには，以下のように記述されています（下線筆者）[*5]。

＊3　学校教育法施行規則「別表第1」の「備考」2。
＊4　特別活動の目標等については，本書第2章を参照。

> 生徒が，学ぶことと自己の将来とのつながりを見通しながら，社会的・職業的自立に向けて必要な基盤となる資質・能力を身に付けていくことができるよう，特別活動を要としつつ各教科等の特質に応じて，キャリア教育の充実を図ること。その中で，生徒が自らの生き方を考え主体的に進路を選択することができるよう，学校の教育活動全体を通じ，組織的かつ計画的な進路指導を行うこと。

　一読して理解できるように，日々の特別活動の実践展開が各学校の教育活動全体のキャスティングボートを握っているとしても過言ではありません。

　次代を創る子どもの成長・発達の描き方として，自ら学ぶ意欲，自己の将来を見通すこと，職業的自立に向けた資質・能力などの力量形成が欠かせません。このことは，特別活動を要とした各教科等との「学びの往還」によって，子ども個々の人間性の涵養に資するものです（図3-5参照）。ここに特別活動の学びと体験が各学校の「あらゆる教育活動に機能する」ことの真の意図があると考えます。

　さらに言えば，特別活動には「教科書」がありません。子どもたちの「体験による学び」そのものが教科書であるといえます。それゆえ，特別活動での実体験の一つ一つが，各教科等による知識や技能の習得，思考力等の育成，そして未来社会を自律的に生き抜くエネルギーになると考えられるのです。

2 学習指導要領における特別活動の構成とその考え方

1 小・中・高等学校の特別活動の構成

　学習指導要領において，特別活動の内容等について小学校では「第6章」に，中・高等学校ではそれぞれ「第5章」に示されています。

　その構成は，小・中・高等学校とも「第1　目標」「第2　各活動・学校行事の目標及び内容」「第3　指導計画の作成と内容の取扱い」で成り立ってい

＊5　「中学校学習指導要領」第1章「総則」第4「生徒の発達の支援」1「生徒の発達を支える指導の充実」(3)（2017年告示）。小学校や高等学校の学習指導要領でも同様の位置づけ。

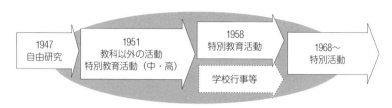

図3-2　特別活動の名称の変遷
出所：筆者作成。

ます。このことは，教育課程の構成要素である「目標」「内容」「方法」の基本
原則を踏まえたものであり，国語や社会などの各教科等との構成と同様です。

　特別活動の内容は，各校種別に以下のように示されています。

　小学校では4つの内容（学級活動，児童会活動，クラブ活動，学校行事），中学校
は3つの内容（学級活動，生徒会活動，学校行事），高等学校も3つ内容（ホーム
ルーム活動，生徒会活動，学校行事）です（表1-1参照）。それぞれほぼ共通の内
容で構成され，児童生徒の発達や各校種の特性に応じた表現がされています。

　この内容で構成されるようになったのは，1998（平成10）年からです。それ
までは，中・高等学校にも「クラブ活動」が存在していました。1998年の改訂
で，それが廃止され，教育課程としての位置づけを失っています（教育課程外
の活動である「部活動」に統合）。[*6]

2　特別活動の内容構成の変遷

①名称の変遷

　教育課程の一領域としての「特別活動」は，これまでの学習指導要領の改訂
にあって，その名称を変えてきた経緯があります（図3-2）。

　1947（昭和22）年の「自由研究」に始まり，「教科以外の活動」「特別教育活
動」を経て，1968（昭和43）年から今日まで「特別活動」と称されています。

　このように，「特別活動」の名称は約50年間にわたって教育課程を構成する

＊6　中学校・高等学校の「クラブ活動」の変遷は本書第1章参照。

表 3 - 1　特別活動の内容の変遷概要（小学校を中心に）

改訂年	名　称	内　容	
1947（昭和22）年	自由研究	自由な学習，クラブの活動，当番や委員会の活動	
1951（昭和26）年	教科以外の活動 （小学校） ＊	委員会，児童集会，奉仕活動，学級会，クラブ活動 （＊中学校・高等学校は「特別教育活動」の名称）	基盤期
1958（昭和33）年	特別教育活動	児童会活動，学級会活動，クラブ活動	
	学校行事等	儀式，学芸的行事，遠足，学校給食など	
1968（昭和43）年	特別活動 （小・中学校） ＊	児童活動（児童会活動，学級会活動，クラブ活動） 学校行事（儀式，学芸的行事など） 学級指導（学校給食，保健指導，安全指導など） （＊高等学校は「各教科以外の教育活動」の名称）	確立期
1977（昭和52）年	特別活動	児童活動，学校行事，学級指導	
1989（平成元）年	（同上）	学級活動，児童会活動，クラブ活動，学校行事	転換期
1998（平成10）年	（同上）	（同上）	
2008（平成20）年	（同上）	（同上）	
2017（平成29）年	（同上）	（同上）	

注：• 中学校：1968年⇒1969年改訂。
　　 高等学校：1968年⇒1970年改訂，1977年⇒1978年改訂，1998年⇒1999年改訂，2008年⇒2009年
　　 改訂，2017年⇒2018年改訂。
　　• 中学校，高等学校：「児童会活動」⇒「生徒会活動」。
　　 高等学校：「学級活動」⇒「ホームルーム活動」。
　　• 高等学校は，1970年改訂で「各教科以外の教育活動」に，そして1978年改訂で「特別活動」と
　　 なり，小・中学校と同様になった。
　　• 1998年の改訂で，中学校，高等学校は「クラブ活動」を廃止。
出所：筆者作成。

教育活動として使われています。その言葉（漢字）の意味合いからして，各教
科や道徳などとは異なる「特別な活動」との印象を醸し出している面も見られ
ます。その教育的な意義を考えるとき，いかなる呼称がその活動を展開する子
どもたちの成長に適するのか，今後も検討課題としたいところです。

②内容構成の変遷

　その変遷を概観すると，表 3 - 1 のように整理できます。これを内容的にみ
ると，大きく 3 つの期に分けられると考えます。

　まず，〈基盤期〉（1947-58年の改訂）では，名称としては混沌かつ不安定なと
ころもありますが，特別活動が有している教育活動の基本的なカタチが形成さ

れつつあります。〈確立期〉(1968-77年の改訂)では，「特別活動」の名称となり，その内容も3つ（児童活動・学校行事・学級指導）に整理統合されています。

その確立してきた期を受けつつも，次の〈転換期〉(1989-2017年の改訂)では特別活動の内容を4つ（学級活動・児童会活動・クラブ活動・学校行事）に再編成しています。そして，今日ではそれぞれの活動の特性を生かしながら総合的な学習の時間や道徳などとの関連を重視した，より発展的な活動を展開している実践が見られるようになっています。

3　各教科等と特別活動との関連：カリキュラム・マネジメント

1　特別活動の授業時間数の考え方

特別活動の授業時間数のうち，「学級活動」「ホームルーム活動」については本章第1節に記したように，各校種・各年別にそれぞれ年間35時間があてられています（小学校第1学年は34時間）。

「学級活動」以外の内容については，小・中学校の学習指導要領の「第1章　総則」「第2　教育課程の編成」に以下のように示されています（（　）は中学校の表記）。[*7]

> (2)授業時数等の取扱い
> イ　特別活動の授業のうち，児童会（生徒会）活動，クラブ活動及び学校行事については，それらの内容に応じ，年間，学期ごと，月ごとなどに適切な授業時数を充てるものとする。

また，高等学校については，その学習指導要領の「第1章　総則」「第2款　教育課程の編成」に，以下のように示されています。[*8]

＊7　「小学校学習指導要領」の第1章「総則」第2「教育課程の編成」3「教育課程の編成における共通的事項」(2)「授業時数等の取扱い」イ（2017年告示）。「中学校学習指導要領」（2017年告示）でも同様。
＊8　「高等学校学習指導要領」の第1章「総則」第2款「教育課程の編成」3「教育課程の編成における共通的事項」(3)「各教科・各科目等の授業時数等」エおよびオ（2018年告示）。

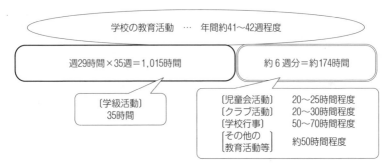

図 3 - 3　特別活動の授業時数の考え方（小学校高学年の場合）

出所：筆者作成。

---

(3)授業時数等の取扱い

エ　ホームルーム活動の授業時数については，原則として，年間35単位時間以上とするものとする。

オ　生徒会活動及び学校行事については，学校の実態に応じて，それぞれ適切な授業時数を充てるものとする。

　教育課程として位置づけを有する特別活動は，各校種別のすべての内容をもって各教科等と同様に授業時間として実施するものです。

　したがって，小学校高学年の場合で考えると，総授業時数「1,015」[*9]は，週29時間×35週（＝1,015）による位置づけの数値です。一般に，各学校では年間41～42週程度の授業日数を行うことから，約 6 週分（41週－35週）の時間を「適切な授業時数」としてあてることが可能です。それゆえ，図 3 - 3 のように考えることができます（中・高等学校でも同様）。

　すなわち，週29時間× 6 週分，約174時間が適切にあてられる授業時数という考え方です。この内訳が，特別活動の児童会活動・クラブ活動および学校行事をはじめ，その他の教育活動等にあてられる授業時数になります。

＊9　学校教育法施行規則「別表第 1 」。

2　特別活動におけるカリキュラム・マネジメント

①各教科等と特別活動との関連

　小・中・高等学校の各学習指導要領では、「教科等横断的な視点に立った資質・能力の育成」を求めています。その「総則」には、以下のように記されています（下線筆者）。[10]

> 各学校においては、児童の発達の段階を考慮し、言語能力、情報活用能力（情報モラルを含む。）、問題発見・解決能力等の学習の基盤となる資質・能力を育成していくことができるよう、各教科等の特質を生かし、教科等横断的な視点から教育課程の編成を図るものとする。

　とりわけ、各教科等の授業が求める「主体的・対話的で深い学び」を実現するには、特別活動の目標である「自主的、実践的な取り組み」や「互いのよさや可能性の発揮」「集団や自己の課題の解決」などの活動体験が、各教科等の子ども個々の学習活動に横断的・漸進的に往還していくことが大切です。

　そして、このことの具現化の際には、同じく「総則」の以下の記述の理解が重要です（小学校の記述を例示。中学校・高等学校も同様。下線筆者）。[11]

> 　……豊かな創造性を備え持続可能な社会の創り手となることが期待される児童に、生きる力を育むことを目指すに当たっては、学校教育全体並びに各教科、道徳科、外国語活動、総合的な学習の時間及び特別活動の指導を通してどのような資質・能力の育成を目指すのかを明確にしながら、教育活動の充実を図るものとする。……

②学びの往還の重要性

　これらの理解のもと、「学習の基盤となる資質・能力」の育成が各教科等と

---

*10　「小学校学習指導要領」の第1章「総則」第2「教育課程の編成」2「教科等横断的な視点に立った資質・能力の育成」(1) (2017年告示)。「中学校学習指導要領」(2017年告示) および「高等学校学習指導要領」(2018年告示) でも同様。

*11　「小学校学習指導要領」第1章「総則」第1「中学校教育の基本と教育課程の役割」の3 (2017年告示)。

図3-4　各教科等と特別活動との学びの往還

出所：筆者作成。

図3-5　学びのサイクル

出所：「学習指導要領」（2017，2018年告示）より筆者作成。

特別活動との学びの往還の営みのなかで実現するものと考えます（図3-4）。

　この図3-4の具現化の一つが，「学びのサイクル」の体験です。一般的には「学習過程」と表現されますが，ここではそれぞれの「学習」（学び）が漸進的に連関することを意図して「学びのサイクル」としています。

　このプロセスにおいて，子どもは自らの諸能力を生かした学びを創出し，その事実と価値をよりよく自己形成していくものです。図3-5に示した5つの学びは特別活動の特質・特性であり，〈自発・自治の力〉そのものです。そのプロセスに教師自身も学ぶことになります。ここに子どもの学びの事実に学ぶ教師の存在があります。

　③特別の教科道徳，総合的な学習（探究）の時間との関連

　学習指導要領の教育課程の構成（図3-1参照）からも理解できるように，上述の各教科等と同様，とくに「特別活動」と「特別の教科道徳」「総合的な学習の時間」との関連性に留意したカリキュラム・マネジメントが不可欠です。

　「第1章　総則」の理解をベースにするとき，これら3つの教育活動の相互関連の実際について，その考え方や方策は図3-6のように考えられます。

　そのポイントは，総則の第2の2(1)に示されている「各教科等の特質を生か

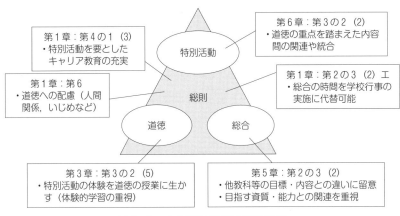

図3-6　3つの教育活動の相互関連

注：小学校学習指導要領をもとに作成した。中学校・高等学校においても同様。
出所：筆者作成。

図3-7　「学びの地図」づくりの構成

出所：筆者作成。

し，教科等横断的な視点から教育課程の編成を図る」ことです。そのうえで，3つの教育活動の目標・内容等の独自性を重視しつつ，子どもの活動を中心に各学校の実態に応じた指導計画の作成や教育活動の展開を創出することです。

　④キャリア形成に資する授業——3つのポイント

　その第1は，子ども自身の「学びの地図」づくりを支援してくことが大切です。特別活動の具体的な場面で，子どもは「主体的・対話的で深い学び」を実体験します。ここでの教師のあり方は図3-7のように構想できます。そこではア〜オの視点を中心に，子ども自らが学び体験し，自己をよりよく生かすキャリア形成を実現していきます。

　第2は，〈行動の仕方〉をつくることです。特別活動の各活動内容は，自他

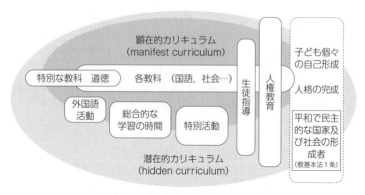

図3-8　特別活動の教育課程の位置

出所：筆者作成。

ともに学び合い，そして理解し合う行動と自己の姿を形成します。子どもはみんなが喜ぶ仕事や役割体験を好むものです。たとえば，学級の手伝いや係活動をして「役立ち感」を味わいます。この体験が他者への思いやりや優しさ，他者との助け合い，責任の自覚などの態度形成を内在化させます（道徳性の涵養）。また，この蓄積と応用が教科等の学習の意欲や課題解決力を促します。

　第3は，〈よりよい人間関係〉をつくることです。その基盤に学級経営の充実が欠かせません。この生活空間が互いの学び合いを深める授業を可能にします。ここでの教師の関わりに「集団適応を促すガイダンス」と「自己理解を援助するカウンセリング」が求められます。子どもはこのバランスに自らの存在を実感し，人間関係のあり方を体得します。ここに特別活動を要とする学校生活の充実と社会参加意欲のあるキャリア形成の実現があると考えます。

3　各教科等と特別活動の教育課程上の位置づけ

　特別活動には，各教科等と同じように教育課程としての位置づけがあります。それゆえ，その内容を授業時間として的確にしかも計画的に展開をすることが求められます。いわゆる「顕在的なカリキュラム」としての目に見える位置づけの理解です。このことと同時に，特別活動における子どもたちの学び合いは

日々の生活体験がベースになっていることが少なくありません。目には見えにくい「潜在的なカリキュラム」の存在が，子どもたちの創造性に満ちた豊かな特別活動を支えています。言うならば，特別活動の実践にあってはその独自性と他教科等との関連性が十分に機能し合うことが大切です。

　もちろん，子どもが自らの生き方を思考する生徒指導の実際や人間形成の基盤を成す人権教育等との連関を図ることも不可欠です。これらの充実によって，子どもは日々の学校生活の営みで自ら課題を見出し，他者との学び合いを通してその解決の考え方・あり方や社会参画への意欲等を獲得します（図3-8）。

 まとめ ·······

　本章では，特別活動の教育課程上の位置と各教科等との関連を学びました。とりわけ，特別活動の歴史的な変遷を理解しながら，そのカリキュラム上の位置づけや各教科等との関係性など考察できたと思います。

　このことを図式化すると，図3-8のように考えることができます。改めて，特別活動の教育課程上の位置を確認しましょう。

·······

 さらに学びたい人のために

○有村久春『キーワードで学ぶ　特別活動　生徒指導・教育相談（改訂3版）』金子書房，2017年。

　本書は，特別活動の理解に必要なキーワードを事典形式で学ぶ構成になっています。特別活動との関連が深い生徒指導や教育相談にも目を向け，子どもの生き方あり方を包括的に学べます。用語の意味や考え方を図解し，教育現場の実践例も取り上げて子どもの姿をリアルに伝えるように解説しています。

○有村久春『教育の基本原理を学ぶ──教師の第一歩を確かにする実践的アプローチ』金子書房，2009年。

　本書は，子どもや学校・教師の存在を問いながら教育学の専門的な知見と基本的な教育の原理を学ぶ構成になっています。教師を目指す教育者としての本質を自らに問い，子どもに寄り添う教育を追究することが本書の目的です。

第4章

教育課程と特別活動の指導の関わり

● ● ● 学びのポイント ● ● ●

• 校長が作成する教育課程経営について理解する。
• 特別活動の各内容について全体計画の具体例から学ぶ。
• 小中高の実践事例から教育課程運営と特別活動との関連を学ぶ。

WORK 教育課程とカリキュラムとは同じこと？

① 以下の枠内の英語の意味を調べてください。

> curriculum　course of study　school management

では，カリキュラム・マネジメントに相当する日本語は何になるでしょうか。

(　　　　　　　　　　　　　　　　　　　　　　　　　　　　)

② 次に以下の枠内の英語の意味を調べてください。

> Homeroom Activities　School Council　Club Activities
> School Event

では，特別活動に相当する英語は何になるでしょうか。

(　　　　　　　　　　　　　　　　　　　　　　　　　　　　)

③ 最後に以下の枠内の英語の意味を調べてください。

> discussion　discipline　career guidance　volunteer activities
> sense of unity　school excursion　school festivals

では，これらの教育活動が学校教育に必要かどうかを，グループ単位で話し合ってみましょう。

(　　　　　　　　　　　　　　　　　　　　　　　　　　　　)

● 導　入 ● ● ● ● ● ● ●

　学級活動・ホームルーム活動と児童会活動・生徒会活動，および学校行事に小学校のクラブ活動を加えて小中高の特別活動は構成されています。この特別活動は，学校の授業時間割上に明示される内容（学級活動・ホームルーム活動等）と年間行事計画のなかに示される内容（学校行事等）に大別されます。

　毎日の授業時間割上に明示された各教科等と年間行事計画に示された各種の教育活動が，その学校の教育課程を構成する中心的な内容項目です。本章では教育課程経営（編成・運営から評価・改善まで）の観点から特別活動の指導の実際を小中高の3つの事例を通して検討・学習していきます。なお，本章では教育課程経営をカリキュラム・マネジメントとほぼ同意語として使います。

● ● ● ● ● ● ● ● ●

1 校長の教育課程経営と特別活動の全体計画

■1■　小学校校長の教育課程経営

①学校の教育目標

　学校における教育活動はすべて，学校の教育目標を達成するための営みということができます。確かに学校を管轄する教育委員会の教育目標や文部科学省の学習指導要領に記載された各教科等の目標を踏まえることは大切です。しかし，児童生徒の実態や地域の実情は学校によって異なっています。校長はその学校ならではの特色ある教育活動を行うために，それを実現できるような教育目標を設定することが大切となります。以下はある小学校の教育目標です。

　人権尊重の精神に基づき，心身ともに健康で，国際社会の一員として自立した，新しい時代の創造に向かって主体的に学ぶ児童を育成する。
　　○よく考える子〈知育〉……ものごとをよく考え，向上しようとする子ども
　　○豊かな心をもった子〈徳育〉……思いやりのある，優しい子ども
　　○健康な子〈体育〉……体を丈夫にし，明るい心をもつ子ども

この教育目標を見ると，基本的人権の保障など日本国憲法や他の教育法規等を踏まえていることが理解できます。国際社会の一員という表現は，新設した外国語の授業に配慮したものといえます。さらに目指す子ども像を描くことで達成する目標を子ども自身や保護者にもわかるように明確化しています。

②校長の学校経営計画

近年は校長の学校経営計画を公開し，その成果をホームページ等で公表している学校が多く見られます。たとえば東京都公立小学校の学校経営計画では，以下の3項目を公開しています。

○目指す学校……①学校の教育目標，②重点目標，③目指す学校像
○中期的目標3～5年間と方策……①学習指導，②生活指導・進路指導，
　　　　　　　　　　　　　　　　③学校経営，④特別活動その他，⑤能力開発
○今年度の重点目標と方策……上記の教育活動①～⑤の具体案

以下は，ある校長の学校経営計画における特別活動の目標と方策です。

	（重点）目標	方　策
中期的	児童に自主，自立を促し，達成感を味わわせるとともに，豊かな人間関係を構築する力を育成する。	学校行事や特別活動等を通じ，自他を尊ぶ態度を育成し，良好な人間関係を構築する。
今年度	児童の自主的・自発的な活動を通じ，達成感を味わわせながら○○小への所属意識を高める。	学校行事やクラブ，委員会，○○○交流活動のなかで能動的によりよい学校生活を目指す問題解決型の活動を実施する。 活動ごとに一人一人に目標をもたせ，その達成に向けて取り組ませる。

中期的には児童同士の好ましい人間関係づくりを目指していますが，今年度は特別活動を通して自校への帰属意識，学校生活における問題解決力や目標実現力の育成を図ろうとしていることがわかります。

③教育課程の編成

文部科学省が発行する学習指導要領では，各学校が適切な教育課程を編成す

るものとあります。最新改訂（2017年3月31日）の学校教育法施行規則では，「小学校の教育課程は，国語，社会，算数，理科，生活，音楽，図画工作，家庭，体育及び外国語の各教科，特別の教科である道徳，外国語活動，総合的な学習の時間並びに特別活動によって編成される」とあります。教育課程編成の責任者である校長は，学習指導要領や当該教育委員会の教育課程編成基準等を参考として，適切な教育課程届を作成することとなります。

　一方，教育課程の管理・執行は教育委員会の職務権限です。校長は前年度末までに新年度の教育課程届を作成し当該教育委員会に提出します。教育委員会の審査を経て，教育課程の実施に必要な人的・物的な環境を整えてもらうことができます。たとえば東京都教育委員会では，第1表（教育目標），第2表（指導の重点），第3表（学年別授業日数及び授業時数の配当），第4表（学校行事）の4種類の様式で構成された教育課程届を用いています。

　以下は，ある小学校の教育課程届の「指導の重点」における特別活動および特色ある活動の一部内容です。

特別活動	一人ひとりが個性・創造性を発揮しながら，互いに思いやりの心をもって協力し合い，集団の向上に寄与しようとする能力や態度を育てるとともに，自主性や社会性を培う。
特色ある活動	互いに助け合い，認め合う気持ちを育てるために，縦割班活動（わんぱく○○○活動）を行う。内容は毎月1回交流レクリエーション，学期1回○○給食，「区一斉清掃の日」を学校行事のなかに位置づける。

　この小学校の教育課程を見ると，学習指導要領の記載された特別活動の目標や内容を踏まえつつも特色ある活動を実施することで，学校の特色化を図っていることがわかります。

④年間指導計画

　学校では教育課程に基づいて各教科等の年間指導計画を作成しています。全学年の全学級を対象に，①年間の指導目標，②指導内容，③学習活動，⑤指導方法，⑥使用教材，⑦時間配当などを月単位で記載した一覧表です。

たとえばある小学校の特別活動（学級活動）の年間指導計画における4～5月部分の内容の一部は以下の通りです。内容(1)に27時間，内容(2)に8時間配当し，朝と帰りの会も活用していることがわかります。

月	(1)学級や学校における生活づくりへの参画（27時間）	(2)日常の生活や学習への適応と自己の成長及び健康安全（8時間）	
4月	目標を決めてよいクラスを作ろう	委員会活動と自分の役割	5年生になってけじめのある生活（朝・帰りの会）
	学級を楽しくする係を決めよう		
	友だちの輪を広げよう集会をしよう		
	学級活動コーナーの使い方を考えよう		
5月	運動会のスローガンを考えよう	ハートで話そう（よい言葉，いやな言葉）	持ち物の整理整頓楽しい遠足
	学級の歌や旗を作ろう		友達のよいところ（朝・帰りの会）
	もっとなかよくなる集会をしよう		
	係活動を充実させよう		

2 特別活動の全体計画——A小学校におけるB校長の実践事例

A小学校は地方中規模市の中心街からやや離れた周辺部にある単学級校です。いわゆる「荒れた学校」で，暴言や立ち歩き，学力低下が見られるなど，教育委員会に保護者からの苦情が寄せられていました。そのため教員の指導は高圧的・厳しくなりがちで，学校アンケートの結果からは，「学校が楽しくない」という児童の多いことが判明しました。

B校長は学校教育目標に「明るく元気な子ども像」を掲げるとともに，特別活動を中心とする学校経営計画を作成し学校の特色化を図りました。校内研修のテーマも「学級活動」とし，全職員で学級活動の指導法を研究しています。

B校長は研究主任を中心に特別活動の全体計画を作成するよう指示しました。表4-1がA小学校の特別活動の全体計画（冒頭部分）です。学習指導要領に記載された特別活動の目標とA小学校の学校教育目標および子ども像とを相関させ，さらにA小学校全体で取り組むことを3つの重点事項に具体化しました。

表4-1　A小学校の特別活動の全体計画表（冒頭部分）

学習指導要領における特別活動の目標	A小学校の学校教育目標と子ども像
望ましい集団活動を通して，心身の調和のとれた発達と個性の伸長を図り，集団や社会の一員としてよりよい生活や人間関係を築こうとする自主的，実践的な態度を育てるとともに，自己の生き方についての考えを深め，自己を生かす能力を養う。	自他を大切にし，自ら学ぶ明るく元気な子どもの育成 ○自他のよさに気付き，正しい行動ができる子ども「やさしい」 ○学ぶことに喜びを感じ，主体的に学修に取り組む子ども「進んで学ぶ」 ○命や健康の大切さを知り，望ましいライフスタイルを形成できる子ども「元気な子ども」
特別活動で関わりを深めるためにA小学校全体で取り組むことと重点事項	
望ましい集団活動を通して，学級・学年への所属感および児童の連帯感を深め，共によりよい生活を築こうとする自主的，実践的な態度を育てるとともに，集団の中で自己を生かす能力を養う。 　○学級目標を具現化する話合い活動の充実　○異年齢による交流活動の充実　○学級活動コーナーの設置	

出所：筆者作成。

表4-2　A小学校の学級活動の全体計画表

目標	学級活動を通して，望ましい人間関係を形成し，集団の一員として学級や学校におけるよりよい生活づくりに参画し，諸問題を解決しようとする自主的，実践的な態度や健全な生活態度を育てる。						
学年		1年	2年	3年	4年	5年	6年
時間配当	内容(1)	12時間	15時間	17時間	20時間	23時間	26時間
	内容(2)	22時間	20時間	18時間	15時間	12時間	9時間
活動内容	内容(1)	仲良く助け合い学級生活を楽しくする		協力し合って楽しい学級生活をつくる		信頼し合って楽しい豊かな学級や学校の生活をつくる	
	内容(2)	日常の生活や学習に進んで取り組もうとする		日常の生活や学習に意欲的に取り組もうとする		日常の生活や学習に自主的に取り組もうとする	

出所：筆者作成。

　表4-2～表4-5の通り学級活動，児童会活動，クラブ活動および学校行事の特色化を推進し，子どもたち中心の「楽しい学校」を実現しています。[*1]

＊1　この事例は2008年告示の学習指導要領に基づく実践のため，表4-1～表4-5で紹介している学習指導要領における「目標」は2008年告示の内容である。

表4-3　A小学校の児童会活動の全体計画表

目標	児童会活動を通して，望ましい人間関係を形成し，集団の一員としてよりよい学校生活づくりに参画し，協力して諸問題を解決しようとする自主的，実践的な態度を育てる。					
学年	1年	2年	3年	4年	5年	6年
代表委員会	－	－	毎月第3木曜日（11回）			
委員会活動	－	－	－	－	毎月第1木曜日	
異年齢集団交流	縦割グループ15班を編成し縦割活動を行う（ドッヂボール集会，運動会，ゲーム集会）					
学校行事へ協力	1～6年（遠足・運動会・学習発表会），5年（キャンプ），6年（修学旅行）					
設置する委員会	運営，集会，視聴覚，保健・体育，図書，給食，飼育，掲示・環境					

出所：筆者作成。

表4-4　A小学校のクラブ活動の全体計画表

目標	クラブ活動を通して望ましい人間関係を形成し，個性の伸長を図り，集団の一員としてよりよいクラブづくりに参画しようとする自主的，実践的な態度を育てる。		
学年	4年	5年	6年
計画・運営	5月に活動計画を立てる（1時間／25時間）		
日時	金曜日5・6校時（25時間）		
成果発表会	準備と発表（2時間／25時間）		
クラブの種類	ふるさと体験，野外活動，ふれあい，球技，イラスト，パソコン		

出所：筆者作成。

表4-5　A小学校の学校行事の全体計画表

目標	学校行事を通して，望ましい人間関係を形成し，集団への所属感や連帯感を深め，集団の一員として協力してよりよい学校生活を築こうとする自主的，実践的な態度を育てる。
儀式的行事	離赴任式，入学式，始業式・終業式，卒業式
文化的行事	芸術鑑賞会，地域伝統芸能○○盆踊り
健康安全・体育的行事	発育測定，健康診断，避難訓練，運動会
遠足・集団宿泊的行事	1年生歓迎船側，キャンプ，修学旅行
勤労生産・奉仕的行事	プール清掃，海岸清掃，大掃除

出所：筆者作成。

2　生徒指導部による教育課程運営と生徒会活動の指導

1　中学校生徒指導主事が行う教育課程運営

①カリキュラム・マネジメントとチームリーダー

　文部科学省が発行する中学校学習指導要領ではカリキュラム・マネジメントを教育内容の構築，教育課程の改善，人的物的な体制確保を3つの柱として，「教育課程に基づき組織的かつ計画的に各学校の教育活動の質の向上を図っていくこと」と定義しています。さらに，「教職員が適切に役割を分担しつつ，相互に連携しながら，各学校の特色を生かしたカリキュラム・マネジメントを行う」ことを推奨し，全教職員による教育課程の編成・実施，評価・改善がスパイラル的に機能するという，PDCAサイクルの重要性を指摘しています。

　組織的なカリキュラム・マネジメントを行う場合，責任者（校長・教頭）と教職員とを媒介するチームリーダーが必要です。職名は主幹教諭や指導教諭，役職では教務主任や学年主任など，校務分掌主任を務めている中堅・ベテラン教員のことです。チームリーダーは担当部署の実務に卓越しているとともに，チームメンバーとの連絡調整，必要に応じて指導助言を行います。教育課程の運営においてはチームリーダーの存在が実に大きいといえます。

②生徒指導主事と特別活動

　学校の文化的行事や健康安全・体育的行事などの学校行事の企画・運営，さらに生徒会活動に関する指導・助言などのリーダー役を務めるのは生徒指導主事（生活指導主任）です。特別活動は生徒集団による自治的な活動ですから，生徒会の役員生徒は学校の代表という高い参画意識を育てる必要があります。

　中学校学習指導要領に示された生徒会活動の3つの活動内容と取扱い事項は以下の通りです。ボランティア活動の対象が学校外の地域社会に広がる場合は，責任者（校長・教頭）を含めた全校体制で取り組む必要があります。

生徒会活動の活動内容	内容の取扱いにおける配慮事項
(1)生徒会の組織づくりと生徒会活動の計画や運営 (2)学校行事への協力 (3)ボランティア活動などへの社会参画	• 教師の適切な指導 • 生徒の自発的,自治的な活動の促進 • 自分たちできまりをつくって守る活動

2 生徒会活動の指導——C中学校におけるD主事の実践事例

①C中学校における生徒会活動の年間行事計画

学校の文化的行事や健康安全・体育的行事などの学校行事の企画・運営には,生徒の代表である役員生徒も関わることがあります。生徒会活動の指導では役員生徒をどのようにサポートし,いかに活性化させるかという観点が重要です。

表4－6はC中学校の生徒会関連の年間行事計画です。役員選挙は年2回実施され,10月に選出された役員生徒が文化祭から3年生を送る会までを,一方3月に選出された役員生徒は,新入生を歓迎する対面式から体育祭までを担当していることがわかります。このように選出された役員生徒が責任をもって活躍できる場面・行事などを設定することが大切となります。

②D主事による生徒会活動3年間の活性化の取り組み

C中学校のD教諭は生徒指導主事を兼務しています(本章ではD主事とします)。D主事はこれまで若手新任教員に任せていた生徒会活動の顧問教員を2012年度より3年間,自ら担当しました。具体的な取り組みとして表4－7の通り学校新聞を発行すること,生徒会の役員生徒が集まる場所をつくること,役員選挙においてマニフェストを用いた立会演説会を行うこと,区内中学校と協同で生徒会サミットの企画をすること,さらに役員生徒と教員とで週1回の昼食ミーティングを始めました。D主事の実践では,学校外のコンテストなどに応募して生徒会の取り組みを広報し,成果を受賞や援助金獲得等の高い評価に結び付けることで,役員生徒の自信と意欲を高める働きを重視しています。

表4-6　C中学校における生徒会関連の主な年間行事

1学期	2学期	3学期
4月　対面式・生徒議会 5月　部活動集会・生徒議会 6月　生徒議会 7月　壮行会・生徒議会・表彰式 8月　生徒会サミット	9月　生徒議会・選管委員会 　　　**体育祭** 10月　役員選挙・演説会 　　　**認証式**・生徒議会・壮行会 11月　**文化祭**・生徒議会 12月　表彰式	1月　生徒議会 2月　生徒議会 　　　**3年生を送る会** 3月　生徒議会・選管委員会 　　　役員選挙・演説会 　　　離任式・認証式・表彰式

出所：筆者作成。

表4-7　C中学校における生徒会活動3年間の取り組み

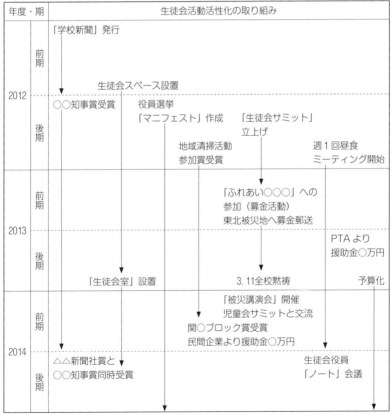

出所：筆者作成。

表4-8　高等学校第2学年のホームルーム活動の年間指導計画表

月	活動内容	月	活動内容	月	活動内容
4月	クラス開き・自己紹介 HRの組織づくり HR年間活動計画の作成	8月		12月	選択科目の決定 2学期の反省と休業準備
5月	学習生活の改善 体育祭への準備と参加 進路計画と中間試験準備	9月	HR年間計画の修正 文化祭への準備 文化祭への参加	1月	新年の抱負と計画づくり 進路と生涯学習 合唱コンクールへの準備
6月	防災の心得 悩みの解決 球技大会への準備	10月	文化祭の振り返り 望ましい人間関係づくり 生徒会役員選挙への啓発	2月	合唱コンクールへの参加 HR文集の作成 卒業式・予餞会の準備
7月	球技大会への参加 1学期反省と休業準備	11月	進路と選択科目 修学旅行への準備 修学旅行への参加 修学旅行の振り返り	3月	卒業式への参加 学年末試験への準備 1年間の反省と進級準備

出所：筆者作成。

3 学年中心のホームルーム活動計画や旅行的行事の指導

1 高等学校学年主任が行う教育課程運営

　小中学校に比較して学校規模の大きい高等学校では学年主任の責任は大きく，高校生の就職・進学の実現に向けて学年主任のリーダーシップが期待されます。学習指導要領に示されたホームルーム活動の活動内容は以下の3点です。

　　(1)ホームルームや学校における生活づくりへの参画

　　(2)日常の生活や学習への適応と自己の成長及び健康安全

　　(3)一人一人のキャリア形成と自己実現

　学年主任は学校の教育目標や校長の学校経営計画を踏まえつつ，当該学年のホームルーム活動の活動内容を吟味し，ホームルーム担任団の共通理解と適切な実施を企てます。それらを集積したものがホームルーム年間指導計画です。表4-8はある高等学校第2学年のホームルーム活動の年間指導計画です。活動内容の(1)～(3)と学校行事への参画がバランスよく配置されているといえます。なお，表中ではホームルームをHRと略記しています。

▇2▇　旅行行事担当教員の指導法——E 高校における F 主任の実践事例

　E 高校では修学旅行を第 2 学年の 11 月に実施しています。行先は当該学年の希望を優先しており，学年主任の F 主幹教諭（以下，F 主任とする）は生徒の入学前から学年会議を開いて修学旅行の目的・教育的意義を話し合い，旅行先と旅行形態を検討してきました。第 1 学年で実施する校外学習に合わせて生徒の実行委員会を立ち上げ，そのなかから修学旅行委員会の主要なメンバーを募りました。第 2 学年 4 月には修学旅行実行委員会（以下，旅行委員会）を正式に発足させ，11 月の実施に向けて活動を開始しました。

　修学旅行は学校行事の一つである，旅行・集団宿泊的行事に位置づけられています。高等学校学習指導要領では活動内容を次のように示しています。

> 平素と異なる生活環境にあって，見聞を広め，自然や文化などに親しむとともに，よりよい人間関係を築くなどの集団生活の在り方や公衆道徳などについて体験を積むことができるようにすること。

　F 主任は旅行先を長崎県五島列島に定め，旅行委員会による企画・運営活動を中核に据えた修学旅行を実施しました。旅行委員長は F 主任のクラスの生徒であり，F 主任はホームルーム活動と旅行委員会とを関連づけた指導を行うことができました。たとえばホームルーム活動では，クラスの意見や希望を旅行委員長が直接聞き取る機会を設けるとともに，忙しい旅行委員長をサポートできる行動班長や宿舎室長を選出しました。

　一方，F 主任は 4 日間の詳細な行動マニュアルの『旅行シナリオ』の作成を旅行委員に提案しました。それは引率教員，旅行委員，添乗員，一般生徒，学校待機職員などが一目で詳しい旅程（注意事項まで含む）を理解できるハンドブックです。旅行委員はそれに基づいて見事に 6 クラスを引率・誘導しました。この点について F 主任は次のように語っています。

　「自分たちが想像したとおりに，学校で最大の行事が進んでいく。先生方もみんな『旅行シナリオ』を頼りに動いている。作成に携わった生徒達にとって，これは非常な充実感を感じる出来事だろう。しかも，『旅行シナリオ』の内容

は先生に言われて書いたものではない。自分たちでやる楽しさを実感できる。」

 まとめ ‥‥

　特別活動の目標および各内容（学級活動・ホームルーム活動，児童会活動・生徒会活動，小学校のクラブ活動，学校行事）の目標や活動内容については，国家レベルの教育課程である学習指導要領に詳細が明示されています。また，カリキュラム・マネジメントの同意語である教育課程経営とは，校長を中心に教育課程の編成・運営から評価・改善までを全教職員で実施することです。

　小学校の実践事例からは，学校リーダーである校長が作成する学校経営計画と教育課程経営との関係性を学びました。中学校と高等学校の実践事例からは，ミドルリーダーである生徒指導主事や学年主任の役割を理解し，生徒会活動の指導方法や学校行事とホームルーム活動との連携方法を学びました。

‥‥

 さらに学びたい人のために

○田中耕治ほか『新しい時代の教育課程（第4版）』有斐閣，2018年。

　　教育課程（カリキュラム）に関する理論から具体，および将来の方向性までをわかりやすく解説している入門書です。教育課程と特別活動の関連性についても詳しく述べられています。

○文部科学省『生徒指導提要』教育図書，2010年。

　　生徒指導に引き寄せながら教育課程と特別活動の関係について詳しく述べられています。とくに組織的な生徒指導においては学校経営や学級経営などに言及しており，教育経営論の観点から教育課程経営を考察できます。

○木内隆生『思春期青年の協同性プログラムに関する開発的研究——教科外教育における指導の在り方に着目して』大学図書出版，2016年。

　　教科外教育（道徳，総合的な学習の時間，特別活動）のカリキュラム開発に関する総合的な学術研究書です。グループワークを用いたホームルーム活動の授業方法について詳しく述べられています。

第5章

学級活動・
ホームルーム活動の特質

● ● ● ● 学びのポイント ● ● ●

- 学級生活の向上に課題を自分たちで見つけ，話し合い，実践する学級活動
  ⑴・ホームルーム活動⑴の特質と指導法を理解する。
- 自己の生活課題をよりよく解決する方法を意思決定し実践する学級活動⑵・
  ホームルーム活動⑵の特質と指導法を理解する。
- 自己の将来の生き方に関する課題解決の方法を意思決定し実践する学級活動
  ⑶・ホームルーム活動⑶の特質と指導法を理解する。

　2枚の写真は，昼休みに係が計画したイベントに興じている子どもたちの様子です。左の写真は「5メートル走」，右の写真は「的当て」を楽しんでいます。

2枚の写真を見ながら，以下の問いについてまずは個人で考え，その後グループで共有してみましょう。

① 　2枚の写真を見て，どんなことに気付きますか。子どもたちの様子から考えてみましょう。

② 　このような活動を行うまでに，子どもたちはどのようなことに取り組んだと思いますか。
　　みなさん自身が，あるイベントを開くにはどのような手続きが必要かということも想像しながら，具体的に考えてみましょう。

③ 　このような活動を通じて，学級はどのように変化するでしょうか。

● 導　入 ● ● ● ● ● ● ● ● ●

　小中高それぞれの「学習指導要領」に示してある，学級活動・ホームルーム活動
（以下，学活・HR 活動）は，特別活動の目標に示してある「集団や自己の生活上
の課題を解決する」活動が多く見られます。言い換えれば，特別活動の特質が最も
顕著に現れる，特別活動を代表する活動です。

　学活・HR 活動には，(1)(2)(3)の内容があります。この(1)(2)(3)は，それぞれの特
質を示すものです。本章では，これらの特質と，その特質を引き出すための指導方
法について理解を深めます。

● ● ● ● ● ● ● ● ● ●

1 学級活動・ホームルーム活動の目標と内容

1　目　標

　小学校・中学校の学習指導要領（2017年告示）に示された学級活動の目標は
以下の通りです。*1

> 　学級や学校での生活をよりよくするための課題を見いだし，解決するために話
> し合い，合意形成し，役割を分担して協力して実践したり，学級での話合いを生
> かして自己の課題の解決及び将来の生き方を描くために意思決定して実践したり
> することに，自主的，実践的に取り組むことを通して，第1の目標に掲げる資
> 質・能力を育成することを目指す。

　目標に示されている「第1の目標に掲げる資質・能力」とは，特別活動の全
体目標に示されている，「知識・技能」「思考力・判断力・表現力等」「学びに
向かう力・人間性等」のことです。学活・HR 活動(1)(2)(3)には，それぞれの
特質がありますので，これらの資質・能力はその特質に応じて育成されます。

＊1　「小学校学習指導要領」第6章「特別活動」第2「各活動・学校行事の目標及び内容」〔学級活
　　動〕の1「目標」（2017年告示）。中学校や高等学校の学習指導要領も同様。

表5-1 学級活動(1)(2)(3)・ホームルーム活動(1)(2)(3)の内容

	小学校	中学校	高等学校
学活(1)・HR活動(1)「学級(ホームルーム)や学校における生活づくりへの参画」	ア 学級や学校における生活上の諸問題の解決 イ 学級内の組織づくりや役割の自覚 ウ 学校における多様な集団の生活の向上	ア 学級や学校における生活上の諸問題の解決 イ 学級内の組織づくりや役割の自覚 ウ 学校における多様な集団の生活の向上	ア ホームルームや学校における生活上の諸問題の解決 イ ホームルーム内の組織づくりや役割の自覚 ウ 学校における多様な集団の生活の向上
学活(2)・HR活動(2)「日常の生活や学習への適応と自己の成長及び健康安全」	ア 基本的な生活習慣の形成 イ よりよい人間関係の形成 ウ 心身ともに健康で安全な生活態度の形成 エ 食育の観点を踏まえた学校給食と望ましい食習慣の形成	ア 自他の個性の理解と尊重，よりよい人間関係の形成 イ 男女相互の理解と協力 ウ 思春期の不安や悩みの解決，性的な発達への対応 エ 心身ともに健康で安全な生活態度や習慣の形成 オ 食育の観点を踏まえた学校給食と望ましい食習慣の形成	ア 自他の個性の理解と尊重，よりよい人間関係の形成 イ 男女相互の理解と協力 ウ 国際理解と国際交流の推進 エ 青年期の悩みや課題とその解決 オ 生命の尊重と心身ともに健康で安全な生活態度や規律ある習慣の確立
学活(3)・HR活動(3)「一人一人のキャリア形成と自己実現」	ア 現在や将来に希望や目標をもって生きる意欲や態度の形成 イ 社会参画意識の醸成や働くことの意義の理解 ウ 主体的な学習態度の形成と学校図書館等の活用	ア 社会生活，職業生活との接続を踏まえた主体的な学習態度の形成と学校図書館等の活用 イ 社会参画意識の醸成や勤労観・職業観の形成 ウ 主体的な進路の選択と将来設計	ア 学校生活と社会的・職業的自立の意義の理解 イ 主体的な学習態度の確立と学校図書館等の活用 ウ 社会参画意識の醸成や勤労観・職業観の形成 エ 主体的な進路の選択決定と将来設計

出所：「学習指導要領」(2017, 2018年告示) より筆者作成。

　なお，高等学校の「学習指導要領」では上記の「学級」が「ホームルーム」となっているほかは，同様の内容となっています。

2 内 容

　学活・HR活動(1)(2)(3)は，それぞれ，学活・HR活動の内容を示しています。学習指導要領に示されている学活・HR活動の内容は，表5-1に示す通りで

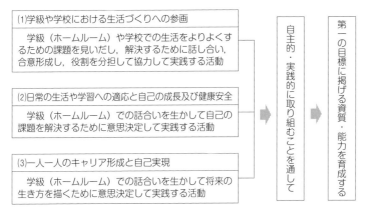

図5-1　学級活動・ホームルーム活動の目標の構造
出所：「学習指導要領」（2017，2018年告示）より筆者作成。

す。

　具体的には，学活(1)・HR活動(1)には，学級や学校の諸問題を解決するために話し合い実践するという特質があります。学習指導要領には「(1)学級（ホームルーム）や学校における生活づくりへの参画」という内容で示されています。学活(2)・HR活動(2)には，児童生徒一人一人の生活課題を解決するための方法を意思決定して実践するという特質があります。学習指導要領では「(2)日常の生活や学習への適応と自己の成長及び健康安全」という内容で示されています。そして，学活(3)・HR活動(3)には，将来の生き方に関する課題を解決するための方法を意思決定して実践するという特質があります。学習指導要領では「(3)一人一人のキャリア形成と自己実現」という内容で示されています。

　学活・HR活動の目標は，学活・HR活動(1)(2)(3)の内容を図5-1のように構造的に示しています。

2 「⑴学級（ホームルーム）や学校における生活づくりへの参画」

1 特　質

　学活・HR 活動の目標に示された「学級（ホームルーム）や学校での生活をよりよくするための課題を見いだし，解決するために話し合い，合意形成し，役割を分担して協力して実践する」は学活⑴・HR 活動⑴の内容だと前述しました（図 5 - 1）。学習指導要領には，「⑴学級（ホームルーム）や学校における生活づくりへの参画」という活動が示されています。表 5 - 1 を見てもわかるように，学活⑴・HR 活動⑴の内容は小・中・高等学校で同じです。

　ここに示された内容のなかでも，とくに特別活動の特質を踏まえているのが「ア　学級（ホームルーム）や学校における生活上の諸問題の解決」です。学習指導要領には，この内容について次の解説が付されています。

> 　学級（ホームルーム）や学校における生活をよりよくする（向上・充実させる）ための課題を見いだし，解決するために話し合い，合意形成を図り，実践すること。

　ここで問題になるのは「誰が課題を見いだすのか」ということです。

　特別活動は，児童生徒の自発的・自治的な活動を基盤としますので，児童生徒自身が，学級生活をよりよくするための問題を自分たちで見つけます。

　その他にも，問題を解決するための話合いや話合いで決まったことを友だちと協力して実践する際にも，児童生徒が自分たちで実践することができるように，発達の段階や学活⑴・HR 活動⑴の話合い活動の経験の差に応じて適切に指導します。この学活⑴・HR 活動⑴の話合い活動は「学級会」と呼ばれることもあり，「集団活動であること」「自主的な活動であること」「実践的な活動

＊ 2　「ホームルーム」は「高等学校学習指導要領」の表記。以降も同様。
＊ 3　「小学校学習指導要領」の第 6 章「特別活動」第 2 「各活動・学校行事の目標及び内容」〔学級活動〕 2 「内容」⑴ア （2017年告示）。中学校や高等学校の学習指導要領も同様。

であること」という特別活動の特質を踏まえた活動です。^{＊4}

2　指導法

　学級活動・ホームルーム活動の向上を目指した課題が，児童生徒が見いだし
たものなのかそうではないのかは，学活(1)・HR活動(1)の話合い活動（学級会）
に対する児童生徒の課題意識と大きく関わります。どうしてもみんなで話し合
って解決しなければならない問題だという意識があれば，学級会に参加する児
童生徒の意欲も高まり，話合いにも熱が入ります。それが，先生から与えられ
た課題を話し合うのであれば，「どうせ，先生が話し合えって言った議題だか
ら」という意識が働き，話合いへの意欲も薄らいできます。2017年の「中学校
学習指導要領解説　特別活動編」に示されている以下の内容は，正に，このこ
とを示しているのです（下線は筆者）。^{＊5}

> 　中学校において，与えられた課題ではなく学級生活における課題を自分たちで
> 見いだして解決に向けて話し合う活動に，小学校の経験を生かして取り組むよう
> (1)の内容を重視する視点から，(2)，(3)の項目を整理した。

　重松鷹泰（1971）は，特別活動を「子供の一人ひとりが学校生活についての
自分の主張（理想）を学校生活の実情や他の子供たちの主張に対立させ，その
対立を克服していこうとする活動であって，子供一人ひとりに個の自覚と，所
属する社会に対する鋭い批判の目を育成し，集団への正しい適応を実現させる
もの」^{＊6}と定義しています。

　重松は，子ども一人一人が描いている理想の学級像（学級とは，友だちと助け
合い楽しく学んだり生活したりするところだ，など）と，現在の学級や友だちの姿
を比較すると，そこには乗り越えなければならない問題があることに気付き，

＊4　文部科学省・国立教育政策研究所教育課程研究センター『みんなで，よりよい学級・学校生活
　　をつくる（小学校編）』文溪堂，2019年。
＊5　文部科学省「中学校学習指導要領解説　特別活動編」2017年，p. 8。
＊6　重松鷹泰『初等教育原理』国土社，1971年。

その問題を異なる考えをもつ友だちと話し合って解決してよりよい生活を自ら創り出していくのが特別活動（学級活動）だと定義していると考えます。

　そして，このような特別活動を通して，自分はこのような人間なのだということに気付き，所属する学校や学級の生活を今よりももっとよいものにするために，妥協したり傍観したりするのではなく，自分から進んで問題を見つけたり解決方法を話し合ったり友だちと協力して実践したりする，集団や社会の形成者としての民主的な態度が育つと述べているのではないでしょうか。

　小・中学校の学活(1)の話合い活動（学級会）の授業を見ると「この学級の子どもたちの課題意識はどこにあるのだろうか」「本当にこの議題を話し合わなければならないと思っているのか」と疑いたくなる授業に出会うことがあります。そのような授業は，指導案が1か月も2か月も前から出来上がっていることが多いです。児童生徒が自分たちで見いだす学級生活の向上を目指す課題が，そんなに早くから議題化されるものでしょうか。うがった見方をすると「そんなに早くから問題が見えていたのなら，なぜ，解決してこなかったのだろう」という素朴な疑問も残ります。

　学活(1)・HR活動(1)の話合い活動（学級会）で児童生徒が見いだす課題とは，児童生徒の生活のなかから生まれてこなければ，真に児童生徒自身のものにはならないと考えます。

　今回，小・中・高等学校の「学習指導要領解説　特別活動編」には，「主体的・対話的で深い学び」の視点から，各活動・学級活動の学習過程（例）が示されました（図5‐2）。

　この図5‐2に示されている学習過程の①「問題の発見・確認」の段階では，児童生徒が自分たちで学級生活の向上を目指した課題を見つけることができるように，議題ポストや議題ボードを活用させたり日記や生活ノートなどに書かせたり，朝の会や帰りの会などで「学級の問題」を発表させたり児童生徒の「学級生活への不満」といったつぶやきなどを注意して聴いたりする教師の指導観が求められます。また，児童生徒が所属する学級・ホームルームに対する所属感や所属意識，連帯感や連帯意識が醸成するように日頃から，学級・ホームルームでの生活や人間関係などについての教師の考えを伝えておくことも大

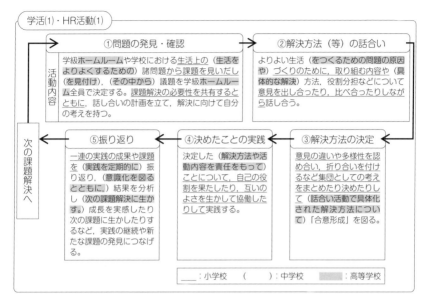

図 5-2　学級活動⑴・ホームルーム活動⑴の学習過程（例）

出所：文部科学省「学習指導要領解説　特別活動編」2017年，2018年より筆者作成。

切です。

　さらに，学活⑴・HR 活動⑴の話合い（学級会）のお世話をする計画委員会や学級会係，班長会，HR 委員等の組織を活用して，学級会で話し合う議題を全員で選定するようにします。その時「学級生活をよくする問題か（課題性）」「学級のみんなに関係する問題か（相互性）」「自分たちで実践できる問題か（現実性）」などの選定の観点を示して，可能な限り自分たちで議題を選定することができるようにします。

　学習過程の②「解決方法（等）の話合い」と③「解決方法の決定」は，話合い活動（学級会）です。話合いに慣れていない児童生徒に，意見の出し方や出された意見の吟味の仕方，自分もよくてみんなもよい意見へのまとめ方などを指導する際には「出し合う→比べ合う→まとめる（決める）」が参考になるでしょう。ただ，話合い（学級会）は，児童生徒の実態に応じて多様に展開されるものです。肝心なことは，日常行われている国語科などの教科等の授業で「話

し合いによって考えを深める授業」を行っておくことです。教科等の授業で経験した話合いが学活(1)・HR活動(1)の話合い活動（学級会）に生きて働くようにすることが大切です。

　学習過程の④「決めたことの実践」は，話合いで決まったことを実践する段階です。学級集会活動について話し合った学級の実践は，学級集会に向けた係りごとの準備や，発表内容の練習，学級集会の本番などです。合唱コンクールの練習計画について話し合った学級では，計画に沿った練習をします。文化祭の出し物について話し合った学級では，文化祭実行委員のリードで計画に取り掛かります。このような実践に取り組むなかで，児童生徒は，一人一人の役割を遂行したり友だちと協働したりします。そのことによって，友だちとの心的な結びつきが深まるとともによりよい人間関係が形成されるのです。

　そして，学習過程の⑤「振り返り」は，問題の発見から話合い（学級会），実践までを評価する段階です。学級生活の向上を目指して取り組んできた自分や友だちの取り組みの様子や学級（ホームルーム）成員の成長などについて振り返ります。川本和孝（2018）は，YWT法「やったこと（Yattakoto），わかったこと（Wakattakoto），次にやること（Tsuginiyarukoto）」などの方法を用いて，振り返りの視点を明確に与え，４，５人の小集団で振り返りをするのが効果的だと述べています[*8]。

3 「(2)日常の生活や学習への適応と自己の成長及び健康安全」

1 特　質

　学活・HR活動の目標に示された「学級（ホームルーム）での話合いを生かして自己の課題を解決するために意思決定して実践する活動」は学活(2)・HR活

＊7　文部科学省・国立教育政策研究所教育課程研究センター『みんなで，よりよい学級・学校生活をつくる（小学校編）』文溪堂，2019年。

＊8　以下の書籍を参考に川本和孝（2018）が講義で述べたことである。株式会社アンド『ビジネスフレームワーク図鑑——すぐ使える問題解決・アイデア発想ツール70』翔泳社，2018年。

動(2)の内容です。学習指導要領には「(2)日常の生活や学習への適応と自己の成長及び健康安全」という活動が示されています。

　この内容については，「学習指導要領解説　特別活動編」に次のように示されています。[*9]

　この内容は，日常の生活や学習への適応と自己の成長及び健康や安全に関するもので，児童（生徒）に共通した問題であるが，一人一人の（生徒）の理解や自覚を深め，意思決定とそれに基づく実践（等を重視する活動）を行うものであり，個々に応じて行われるものである。

　　　　　＿＿＿：小学校　（　）：中学校　▨▨▨：高等学校

　ここに示された，日常の生活や学習への適応と自己の成長および健康や安全に関する問題とは，学活(2)・HR活動(2)が，児童生徒一人一人の適応と成長，健康安全に関する課題を解決する学習を行う，学級における生徒指導の特質を踏まえていることを述べています。また，児童生徒に共通した問題とは，たとえば「苦手な食べ物の克服」という題材で学習するとき，一人一人の苦手とする食べ物が野菜類のなかにあったり魚貝類のなかにあったりするように，解決しなければならない問題が個々にあるような問題を言います。さらに，意思決定とは，自己決定と同じ意味で，いくつかの選択肢のなかから自分に最も適した解決方法を自分で決める行為を言います。つまり，学活(2)・HR活動(2)の学習では「自己指導能力」を育成するのです。自己指導能力については坂本昇一(1990)が「生徒指導の究極のねらいは，児童生徒のなかに『自己指導』の力を育てることである。自己指導の力とは，このとき，この場でどのような行動が正しいか自分で判断して実行する力を意味する」[*10]と述べています。

　学活(2)・HR活動(2)の内容は先に見た表5-1に示す通りです。今回の改訂で，内容は整理されましたが，児童生徒の発達の段階に応じて内容が設定されています。この内容の学習過程は図5-3に示す通りです。

＊9　文部科学省「小学校学習指導要領解説　特別活動編」2017年，p. 52。「中学校学習指導要領解説　特別活動編」2017年，「高等学校学習指導要領解説　特別活動編」2018年にも同様の記載がある。
＊10　坂本昇一『生徒指導の機能と方法』文教書院，1990年，p. 11。

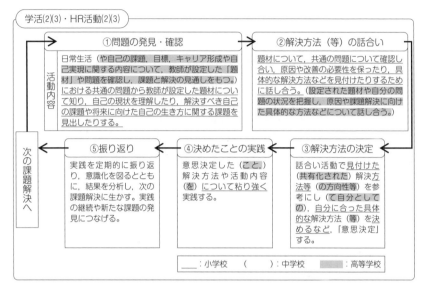

図5-3　学級活動(2)(3)・ホームルーム活動(2)(3)の学習過程（例）

出所：文部科学省「学習指導要領解説　特別活動編」2017年，2018年より筆者作成。

2 指導法

　学習過程の①「問題の発見・確認」の段階では，学活(2)・HR 活動(2)の年間指導計画に基づいて教師が題材を設定します。この段階では，学習の予告をしたり題材に関する情報収集をさせたりすることで，学習に対する意欲を高めることができます。学習過程の②「解決方法等の話合い」と③「解決方法の決定」は，学活(2)・HR 活動(2)の授業になります。自己指導能力を形成するために意思決定する学習については，「つかむ→さぐる→見つける→決める」という流れが参考になります。[*11]

　つかむ段階では，資料等を活用して本時学習のめあて（目標・ねらい等）を把握します。さぐる段階では，問題が発生する原因を追求します。見つける段階では，よりよい解決方法を話し合いによって見つけます。

＊11　文部科学省・国立教育政策研究所教育課程研究センター『みんなで，よりよい学級・学校生活をつくる特別活動（小学校編）』文溪堂，2019年。

　話合い活動が，学級生活の向上を目指して共同の問題を全員で話し合って解決するのに対して，この段階の話合いは，よりよい解決方法を意志決定するための選択肢を見つけるために行います。次に，④「決めたことの実践」の段階は，意思決定した行動目標の達成を目指して実践する段階です。児童生徒の行動を変容させ習慣化させるためには，ある一定期間取り組みを続けることが大切です。小学校などでは「がんばりカード」のような記録表を用いて，自分で決めた行動目標の達成状況を自己評価させることも大切です。中学校や高等学校においても，学習後の実践が一定期間継続して取り組まれるようにする学級活動・ホームルーム活動ノートなどを活用させるなどの工夫が大切です。

　そして，⑤「振り返り」の段階では，意思決定した行動目標の達成状況を振り返らせます。児童生徒のなかには，自分で立てた目標が難しすぎて途中でくじけてしまう子どももいます。あるいは，早々に目標を達成して飽きがきてしまう子どももいます。そのような子どもには，教師が目標の修正や付加，強化について支援することも必要です。このことが，今回の学習指導要領の改訂で示された「カウンセリングの充実」です。学習後も，児童生徒一人一人の学習状況を丁寧に見とる教師の教育観が求められます。

4　「(3)一人一人のキャリア形成と自己実現」

1　特　質

　学活・HR 活動の目標に示された「学級（ホームルーム）での話合いを生かして将来の生き方を描くために意思決定して実践する活動」は学活(3)・HR 活動(3)の内容です。学習指導要領には「(3)一人一人のキャリア形成と自己実現」という活動が示されています。

　この内容については，「学習指導要領解説　特別活動編」に次のように示されています。[*12]

[*12]　文部科学省「小学校学習指導要領解説　特別活動編」2017年，p. 58。「中学校学習指導要領解説　特別活動編」2017年，「高等学校学習指導要領解説　特別活動編」2018年にも同様の記載がある。

この内容は，個々の児童（生徒）の将来に向けた自己実現に関わるものであり，一人一人の主体的な意思決定に基づく実践（活動）にまでつなげることをねらいとしている。今回の改訂においては，特別活動を要として，学校（教育全体）の教育活動全体を通してキャリア教育を適切に行うことが示された。

＿＿＿：小学校　（　）：中学校　▨▨▨：高等学校

　ここに示された，個々の児童生徒の将来に向けた自己実現に関わるものとは，キャリア教育に関わる内容を示したものです。今回の学習指導要領の改訂で小学校，中学校，高等学校で系統的にキャリア教育が行われるように学活(3)・HR活動(3)の内容に「一人一人のキャリア形成と自己実現」の内容が示されました。このことは，2011年の中央教育審議会の答申「今後の学校におけるキャリア教育・職業教育の在り方について」において示されていましたが，今回の改訂で明確になりました。小中高の「学習指導要領解説　特別活動編」には，学活(3)・HR活動(3)の留意点として次の2点が示されています。[*13]

　一つ目は，総則において，特別活動が学校におけるキャリア教育の要としつつ学校の教育活動全体で行うこととされた趣旨を踏まえることである。（中略）
　二つ目は，学級活動(3)ホームルーム活動(3)の内容が，キャリア教育の視点からの小・中・高等学校のつながりが明確になるよう整理されたということである。

　1つ目の留意点に示されている「特別活動がキャリア教育の要となる」ということは，学校教育全体でキャリア教育を行うということを前提としつつ，特別活動の学活(3)・HR活動(3)で行う「一人一人のキャリア形成と自己実現」の授業を要とするということです。これは，学校教育全体で進めるキャリア教育を学活(3)・HR活動(3)の学習で，深めたり，補ったり，まとめたりするということを示しています。このことによって，キャリア教育が授業として明確に見える化すると考えます。
　2つ目の留意点については，学活(3)・HR活動(3)の内容は，将来に向けた自己実現に関わるものであり，一人一人の主体的な意思決定を大切にする活動な

＊13　文部科学省「小学校学習指導要領解説　特別活動編」2017年，p. 59。

ので，小学校から中学校，高等学校へのつながりを考慮しながら，就業体験活動や進学や就職に向けた指導などの固定的な活動だけにならないようにするということが示されています。

学活(3)・HR 活動(3)の内容は先に示した表5-1の通りです。

これらの内容は，高等学校段階までに指導すべき適切なものが設定してあります。それぞれの学校段階では，このことを十分に留意して各学校段階で取り扱う題材を年間指導計画に位置づけていくことが大切です。

2　指導法

学活(3)・HR 活動(3)の学習過程ついては，図5-3に示す通りです。学活(2)・HR 活動(2)の学習の流れと同じですが，大きく異なるのが，学活(3)・HR 活動(3)は，将来の生き方に関する課題を解決する方法を意志決定するということとです。

児童生徒にとっての「将来」は発達の段階によって異なりますが，将来をよりよく生きるために，今，何をするのかということを意志決定できるように授業を構想することが大切です。また，先輩や地域の人々などを授業に招聘して，多様な人々の生き方に学ぶなどの学習も考えられます。[*14]

前述したように，キャリア教育は学校の全教育活動で行います。そして，特別活動がキャリア教育の要としての役割を担います。さらに，学活(3)・HR 活動(3)の学習で，日常のキャリア教育の視点からの指導を補ったり，深めたり，まとめたりします。たとえば，児童生徒は，係活動や当番活動について，みんなのために学級のために働くのだから，自分の役割責任を果たすようにとか，決まりや約束を守るようにとかの指導を受けることがよくあります。このことを題材にして「なぜ，係活動や当番活動で責任を果たさなければならないのだろう」「なぜ，係で決めたことを果たさなくてはならないのだろう」という視点から，日頃の自分たちの活動の様子を振り返る学習を行い，働くことの意義

＊14　家庭や地域の人々との連携については本書第14章参照。

についての理解を深めることができます。

　学活(3)・HR活動(3)も，意思決定した自己目標の達成に向けて実践に取り組み，ある一定期間実践に取り組んだら「振り返り」を行います。この時，児童生徒一人一人の取り組みの状況に応じて，活動の様子を賞賛したり励ましたり，時には，目標を修正したり付加したりするように支援します。このことが「キャリア・カウンセリング」です。これからは，学活(3)・HR活動(3)の授業で，自分が意思決定したことをどのように達成していったのか，その過程でどのような壁にぶつかり乗り越えていったのか，そして，どのようなことができるようになったのかなどを記録して，残していくキャリア・パスポートを活用しながら，児童生徒一人一人のキャリア発達を支援する校内体制を構築していくことも求められます。

　学習指導要領（2017年告示）では，小学校・中学校・高等学校が系統的にキャリア形成と自己実現に関する学習を行うことが求められました。そのためにも，小・中・高等学校段階の第1学年から最終学年までにどのような題材で学習するのかを明示した学級活動・ホームルーム活動の年間指導計画が必要になります。可能であれば，近隣の幼稚園，保育所も含めて小学校，中学校，高等学校で系統的な指導計画を作成していくことも検討できます。そして，自校の「キャリア教育全体計画」を作成して，キャリア教育の要としての特別活動をどのように推進していくのか全教職員で共通理解を図っていくことも大切です。

 まとめ ･･･

　学活(1)・HR活動(1)は，学級・ホームルームの生活を向上するための課題を自分たちで解決する活動です。そのため，自分たちで課題を見つけたり話し合ったりすることができるように指導します。

　学活(2)・HR活動(2)は，自分の生活課題を解決して，自己指導能力を育成する活動です。そのため授業では，話合いによって解決方法を見つけたり，自分に最適な解決方法を決めたり，決めたことを実践したりすることができるように指導します。

　学活(3)・HR活動(3)は，将来をよりよく生きるため，今すべきこと意思決定する活動です。小・中・高等学校まで系統的に学べるようにします。

･･･

📖 さらに学びたい人のために

○文部科学省・国立教育政策研究所教育課程研究センター『みんなで，よりよい
学級・学校生活をつくる特別活動（小学校編）』文溪堂，2019年。
　　特別活動の指導方法に関する内容が，具体的な資料とともに示されています。
現場ですぐに参考にしたい内容が示されています。

○坂本昇一『生徒指導の機能と方法』文教書院，1990年。
　　学級活動(2)・ホームルーム活動(2)の基礎となる生徒指導について深く学べま
す。とくに，学級活動(2)・ホームルーム活動(2)で育成する「自己指導能力」に
ついて理解を深めることができます。

○株式会社アンド『ビジネスフレームワーク図鑑──すぐ使える問題解決・アイ
デア発想ツール70』翔泳社，2018年。
　　学級活動(2)(3)・ホームルーム活動(2)(3)の実践後の，振り返りについて学べ
ます。他にも，KPT（ケプト）法「Keep（継続すること）」「Problem（改善
すること）」「Try（新たに挑戦すること）」で振り返る方法も示されています。

第6章

学級活動・
ホームルーム活動の実践

● ● ● 学びのポイント ● ● ●

- 学級活動・ホームルーム活動の実践を理解する。
- 学級活動・ホームルーム活動の指導案を作成できるようになる。
- 学級活動・ホームルーム活動の進め方を理解する。
- 学級活動・ホームルーム活動と学級・ホームルーム経営との関連に気付く。

WORK 特別活動コーナーを考えよう

　学級活動・ホームルーム活動は，週に1時間なので，児童生徒が主体的に常時活動できるように教室環境を整備することが必要です。

　小学校の教室後方の壁に，次のようなスペース（背面黒板や掲示板）があり，「特別活動コーナー」を設ける場合，どのような掲示等を計画しますか。

　たとえば，各係からの連絡コーナー，これまでの学級会の議題や決まった内容，集会の様子や感想など，さまざまな活動を考えてみましょう。

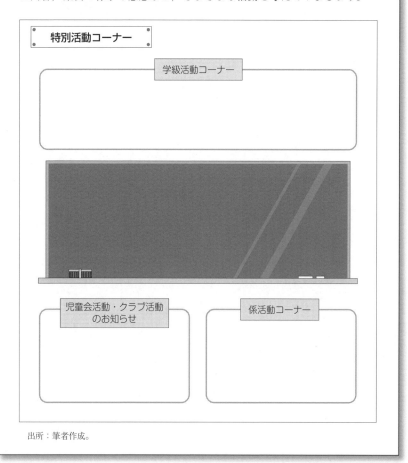

出所：筆者作成。

● 導　入 ● ● ● ● ● ● ● ● ●

　学級活動・ホームルーム活動は特別活動の基盤となるものです。学級活動・ホームルーム活動を通して身に付けた力が，児童会活動・生徒会活動，クラブ活動（小学校のみ），学校行事で発揮されることになります。なお，児童会活動・生徒会活動，クラブ活動，学校行事は学級（ホームルーム）を離れて活動することが多いですが，学級活動・ホームルーム活動は主に学級・ホームルームを単位として活動し，学級やホームルームの実態をよく把握している担任教師が中心となって指導することになります。そのため，担任教師には，学級活動・ホームルーム活動に対する理解とともに，活動内容を充実させる工夫等が強く求められます。本章では，第5章の「理論編」を踏まえ，実際に実践するうえでのポイントやさまざまな工夫をした実践事例を学級・ホームルーム活動の(1)，(2)，(3)の内容ごとに紹介していきます。

● ● ● ● ● ● ● ● ●

1　学級・ホームルームや学校での諸問題の解決に関すること

　本節では，「(1)学級や学校における生活づくりへの参画」[*1]についての実践上のポイントを考察します。

1　学級会の共通理解

　学級・ホームルームでの話合い，いわゆる「学級会」を開くためには，学級会についての意義やルールを含めた進め方等を学級・ホームルームの全員で共通理解をしておくことが必要です。学年当初にこの共通理解を図る活動を丁寧に行っておかないと，話合いが止まったり，深まりや広がりに欠けたりすることになりがちです。

　小学校1年生なら，学級会という言葉の説明からすることが必要です。当初は，かなりの部分を教師がリードしたり助言したりすることも求められます。

＊1　「小学校学習指導要領」第6章「特別活動」第2「各活動・学校行事の目標及び内容」〔学級活動〕2「内容」(1)「学級や学校における生活づくりへの参画」(2017年告示)。

図6-1　提案カード

出所：筆者作成。

学級会の経験を積み重ねることで少しずつ学級会の意義や進め方を理解するようになります。2年生以降は，学級編成替えがある場合，前学年で学級会の進め方等に学級ごとに微妙に違いがあることもあるので，確認が必要でしょう。たとえば，「サンサン（3の3）なかよし学級会」といったように学級会にネーミングすることで，学級会への関心が一層高まることが期待できます。

　中学校や高校の1年生では，数校から数十校の学校から集まって学級集団をつくるので，学級会のオリエンテーションにしっかり取り組むことが大切です。学級会に対する共通理解を図り，活動意欲を高めておくことが大切です。

2　環境等の整備

　学級会の議題が児童生徒から提案されない場合，提案しやすい環境づくりができているかチェックしてみる必要があります。多くの小学校の教室では，議題箱を設置したり提案カード等（図6-1）が用いられていますが，中学校や高校ではどうでしょうか。設置しても提案されないと教師が思っているだけで，実際に設置してみると，さまざまな提案が出てくるものです。

　また，学級会の足跡を残すことができる学級活動・ホームルーム活動（以下，学活・HR活動）用のコーナーが設置されているかも，学級会が活性化するかど

第（　　）回　スマイル学級会ノート	月　　日　　曜日　　校時
	年　　番　　名前（　　　　　　　　　　　　）

議　題	
提案理由 提案者（　　　　）	
話合いのめあて	
決まっていること	
話し合うこと	自分の意見（理由もしっかり書く）
柱①	（意見）
	（理由）
柱②	（意見）
	（理由）

《ふり返りをしましょう》

話合いのめあてを考えて話し合うことができましたか。	よくできた　　できた　　もう少し
みんなことを考えて意見を言えましたか。	よくできた　　できた　　もう少し
友だちの意見と自分の意見を比べながら聞けましたか。	よくできた　　できた　　もう少し
自分たちの力で解決できましたか。	よくできた　　できた　　もう少し

（自分のがんばったところ・よくしたいところ）	（友だちのよかったところ）

図6-2　学級会ノート（高学年用）

出所：筆者作成。

うかに大きく関係します。過去の議題名，話合いの結果等を掲示したり，学級会の一連の流れを掲示しておくことが大切です。このような時に，WORKで考えた「特別活動コーナー」が機能することになります。

　なお，「学級会ノート」（図6-2）などを作成し，各自で持っていることで，自分の考えを事前に整理したり，事後に振り返ったりすることができてとても効果的です。話合いに入るまでの準備や環境が，円滑で，充実した話合いにつ

ながることを忘れてはなりません。

3　実践事例

　小学校4年生で，2学期（11月）に開催した学級会を紹介します。

　これまでこの学級では，近くのデイサービスの高齢者の方々と交流し，昔の生活や遊びを教えてもらっていました。そこで，今度は，自分たちが高齢者の方々を迎えて会を開催したいという提案が出されて，学級会で話し合いました。

　当日の出し物やプレゼントを中心に活発な話し合いが展開されました。もちろん，交流会をいつ，どこでするかなどについては，教師が事前にデイサービス側と打ち合わせをしており，児童はその枠組みのなかで，交流会の内容や盛り上げ方等について話し合ったのです。

　その学級会では，教師は次のような指導案（図6-3）を作成していました。また，学級会が終わった際の黒板（図6-4）には，決まったことがまとめられていました。後日，この学級の児童は，この学級会で決まったことをもとにして活動を続け，思い出に残る交流会を成し遂げることができました。小学校低学年から学年が上がるにつれ，自分たちが楽しむだけでなく，周りの人にも喜んでもらえるような企画を計画することもできるようになります。

　なお，学級会の指導案の「活動計画」については，学級会前に行う事前の活動，いわゆる計画委員会とか運営委員会等と呼ばれるものですが，その際に使ったものを載せることも可能です。

4　自主性の尊重

　児童・生徒が主体的に話し合い，決まったことを実現する（たとえば学級・ホームルームのシンボル的な歌，旗，マーク等をつくる，さまざまな集会を計画・運営するなど）活動には，当然相当な時間を要します。教師がリードすれば時間短縮ができるので，思わず口出ししたくなるものです。しかし，児童生徒自らが話し合って企画・計画し，試行錯誤しながら活動に取り組む過程で，人間関係を

第4学年　学級活動指導案

1　議　題　「デイサービスの人がワッとおどろくおもっしょい会をしよう」学級活動(1)
2　議題決定までの背景と経過

(1)子どもの実態

　本学級には，明るく活発な子どもが多い。何事にものびのび取り組み，目標に向かってみんなで協力し頑張ることもできる。とくに，学級活動に対する興味関心は高く，学級会の時間を心待ちにしている。しかし，自分の考えを進んで発表しようとする子が多い反面，全体のなかでの自己表現が苦手で受け身がちな子もいる。

　話合い活動では，1学期は，自己中心的な発言をし，相手の考えを聞いて自分の考えに生かそうとする態度が十分だとは言えなかった。しかし，経験を積み重ねていくにつれて，友だちの思いを受け止め話合いに生かしていこうとする態度が少しずつ見られるようになってきた。

(2)議題決定までの経過

　これまで「4年生オリジナルキャラクターを作ろう」「学級の歌を作ろう」などの議題で話し合い，決めたことを制作する楽しさもともに味わってきた。

　今回の議題は「今までいろいろ教えてもらったから，今度は自分たちがお年寄りの人を喜ばせたい」という提案理由から生まれたものである。これまで総合的な学習の時間に地域のデイサービスセンターを訪問し，昔の生活の様子の聞き取りをしたり，一緒に昔遊びを楽しんだりして，お年寄りの方との交流を図ってきた。そのなかで，子どもたちから，お年寄りだけでなく，デイサービスの人みんなに楽しんでもらえるような会がしたいという意見が出され，計画委員と相談の後，学級全員で話し合い本議題に決定した。

(3)指導にあたって

　これまでの話合いにおいて，児童の実態から，「賛成意見も反対意見も，理由をきちんとみんなに説明する」「数ではなく理由を大切にした話合いを心がける」「話合いが深まるよう事前に考えをもつ」などの指導を積み重ねてきた。

　計画委員会は，提案理由に基づいて活発な話合いができるように，話合いの柱①を「何をするか」，②「プレゼントに何を作るか」の2つに設定した。

　本時では，提案理由に沿ったお世話になったデイサービスの方に楽しんでいただくための話合いであることを常に意識させたい。話合いにおいては，どの子も主体的に参加し，自分の考えをみんなの前で発表し，友だちの思いも受け止めることができるよう見守っていきたい。そして，みんなで決めたことを今後の実践に生かしていけるように，自分や友だちの頑張りやよかったことを認め合うことができるようにしたい。

3　活動の流れと指導助言・評価基準

	活動内容	時間	指導助言	評価規準
話合いの準備	役割分担・議題選定（計画委員会）	11/9（水）昼休み	議題を整理し，議題の条件を確認しながら選定するよう助言する。	・よりよい学級生活を目指して，力を発揮する自分のよさに気付くことができる。 ・理由を明確にして，わかりやすく伝えることができる。
	議題決定（全員）	11/10（木）スマイルタイム	提案理由を大切にして，議題を選ぶよう助言する。	
	柱の検討（計画委員会）	11/11（金）スマイルタイム	話合いのめあて，内容，順序，時間配分を考えて計画を立てるよう助言する。	
	柱の決定（全員）	11/11（金）帰りの会		
	自分の意見をまとめる	11/11（金）家庭学習	自分の意見をもって話合いに参加できるように助言する。	
	話合いの確認（計画委員会）	11/17（木）放課後	みんなの考えを話合いに生かせるよう助言する。	

話合い	「デイサービスの人がワッとおどろくおもっしょい会をしよう」	11/18（金）（本時）	本時の活動に記述	・異なる意見にも耳を傾け，公平に判断することができる。
実践	準備（全員）	11/21（月）帰りの会～	係の分担を決め，協力しながら準備ができるよう励ます。	・自分の役割に責任をもち，友だちと協力し合うことができる。
	実施（全員）	11/29（火）（学活）	意欲的に活動できているか見守り，必要な支援や賞賛をする。	
返りふり	活動をふり返り，生かす（全員）	11/29（火）帰りの会	よかった点や反省点をふり返らせ，次の活動に生かせるよう助言する。	

4　本時の活動

(1)ねらい

お世話になった方のことを考えながら，「デイサービスの人がワッとおどろくおもっしょい会」について話し合う。

(2)育てたい態度や能力

自分の考えや意見を進んで発表する力

(3)活動計画

第（13）回笑顔でちえを出し合う学級会の計画

11月18日金曜日　（2）時間目（　　　　　　　　）

議題	デイサービスの人がワッとおどろくおもしょい会をしよう。		
提案理由	今までいろいろ考えてもらったから今度は自分たちがお年よりの人を喜ばせたいから。	提案者	
計画委員役割分担	司会	黒板記録	ノート記録
話合いのめあて	デイサービスの人に楽しんでもらえるようなおもしろい会になるよう，話し合おう。		
決まっていること	する日：11月27日(火)14時～15時・場所：デイサービスセンター・数はろつぐらい・プレゼントは、みんなで、協力して、1つの物を作る。・プレゼントのじゅんびの時間は、11月23日(火) 5・6時間目		

話合いの順序	気をつけること
1　はじめのことば 2　役割の紹介 3　議題の確認 4　提案理由の発表 5　話合いのめあての確認 6　話合い 　柱①（何をするか3つぐらい）　（20）分 　（自分の考え） 　（理由） 　柱②（プレゼントに何を作るか）　（20）分 　（自分の考え） 　（理由） 7　決まったことの発表 8　話合いをふり返り 9　先生の話 10　おわりのことば	・計画委員は、協力して、助け合う。 ・話合いをスムーズに進めていくことができるよう意見をまとめていく。 ・てい案理由や話合いのめあてを考えて、発表する。 ・デイサービスの人に喜んでもらうプレゼントを考えて話し合う。 ・自分のがんばったところ、友だちのよかったところを発表する。

(4)指導助言

- 提案理由や話合いのめあてに沿って，自分たちの力で決めることができるよう見守る。
- 互いの思いを生かしながら話合いを進めることができた意見を称賛し，次時の活動意欲を高める。

図6-3　小学校第4学年の指導案例

出所：筆者作成。

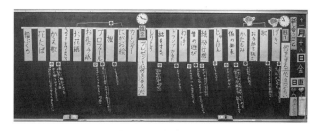

図6-4　板書写真

出所：筆者撮影。

深めたり，社会性を養ったりすることを忘れてはなりません。「児童生徒に任せる」覚悟が必要です。教師が焦って，必要以上に手助けするのでは意味がありません。助言，支援は最小限にとどめることを心がけておきましょう。たくさんのことを教師主導でするよりも，児童生徒主体で活動を積み上げていくことが重要です。そのため，「量より質」を重視する姿勢が大切です。

2　適応や成長，健康安全に関すること

　本節では，学級活動「(2)日常の生活や学習への適応と自己の成長及び健康安全」の指導上のポイントや実践事例を紹介します。[*2]

1　指導計画の作成や指導体制

　児童生徒の思いや願いから始まる「(1)学級や学校における生活づくりへの参画」に関する内容に比べ，「(2)日常の生活や学習への適応と自己の成長及び健康安全」に関する内容は，教師が実態に応じて意図的，計画的に指導するものです。限られた学活・HR活動の時間のなかで，適応や成長，健康安全に関する指導等を効果的にするには，年間指導計画が大切です。また，小学校なら6年間，中学校なら3年間の指導計画も必要です。さらには，小・中学校が連携

＊2　「小学校学習指導要領」第6章「特別活動」第2「各活動・学校行事の目標及び内容」〔学級活動〕2「内容」(2)「日常の生活や学習への適応と自己の成長及び健康安全」(2017年告示)。

して9年間を見通した指導計画が作成され，その計画に沿って指導が積み重ねられれば，非常に高い教育効果が期待できます。

なお，指導については，担任教師が中心になって進めることは言うまでもありませんが，栄養教諭・学校栄養職員や養護教諭等とティームティーチングをすることで，専門的な立場から助言が得られ，児童生徒の活動意欲を高めることにつながります。

2 指導案の作成

年間指導計画等を踏まえ，他の授業同様に各授業の指導計画，いわゆる指導案を作成しますが，中学校学習指導要領の「(2)日常の生活や学習への適応と自己の成長及び健康安全」の「エ 心身ともに健康で安全な生活態度や習慣の形成」の授業を例にあげます[*3]。

この授業は，中学校2年生を対象に「適切な水分補給の方法」について考えるもので図6-5のような指導案（概略）が考えられます。

3 指導上の配慮

実際に指導する際には次のことに配慮することが必要です。導入の段階では，熱中症についての共通理解を図りながら，本時のねらいは「生活場面にあった水分補給の方法を考える」ことだと把握させなければなりません。

指導案（図6-5）の(2)展開の3の段階では，専門的立場から栄養教諭や学校栄養職員が指導することで生徒の関心・意欲が一層高まることでしょう。

終末の段階では，一人一人の生徒が，今後，どのように水分補給をするか，具体的に発表したりまとめたりすることが不可欠です。「状況に応じた水分補給が大切であることがわかってよかった」「今後，水分補給には十分気を付け

＊3 「中学校学習指導要領」第5章「特別活動」第2「各活動・学校行事の目標及び内容」〔学級活動〕2「内容」(2)「日常の生活や学習への適応と自己の成長及び健康安全」のエ（2017年告示）。

中学校第2学年　学級活動指導案

○題材名　適切な水分補給の方法を考えよう
　　　　　（学級活動(2)　エ　心身ともに健康で安全な生活態度や習慣の形成）
○題材設定の理由
(1)教材観
　中学2年生の大部分の生徒は，第二発育急進期にあたり，身体が大きく成長する。運動部に所属する生徒は，部活動等において消費エネルギー量が増大し，多量の汗をかく。とくに激しい運動をした際には，疲労回復や体内の電解質バランスを保つために，水分だけでなく糖分や塩分の補給が必要である。一方，ペットボトル入りの清涼飲料水を日常的に飲み続けることで，「ペットボトル症候群（清涼飲料水ケトアシドーシス）」という急性の糖尿病を引き起こすことも危惧される。清涼飲料水のなかには，積極的に摂取することが望ましいかのような表現をした商品も見受けられる。生徒には，飲料に含まれる糖分の量を考慮し，運動時や学習時など，生活の場面に応じて飲料を選択し，適切に水分補給する力を身に付けることが必要である。

(2)生徒観
　本学級の生徒のうち，運動部に所属しているのは，27名（約77.1％）である。事前に実施したアンケート調査の結果から，ほとんどの生徒が清涼飲料水を1日1本以上飲んでおり，運動中以外にも日常的に水分補給のためスポーツドリンクを飲んでいる生徒が多いことがわかった。なお，飲料水を飲む際，その成分等に気を配っている生徒の割合は約11％であった。

(3)指導観
　最初に，熱中症について知っていることを生徒に発表させ，原因や症状等を明確にしたうえで，水分，糖分，塩分を補給できるスポーツドリンクは熱中症予防に効果があることを説明する。次に，事前に実施したアンケート調査の結果を提示し，本学級生徒の日常的な飲料の選択の傾向を理解させるとともに，自分自身の飲用習慣について振り返らせる。その際，スポーツドリンクを日常的に飲んでいる生徒の状況を紹介させ，運動をしていない時にもスポーツドリンクを飲用することが多いことを確かめる。また，500mlのペットボトル入りスポーツドリンクと，そのスポーツドリンクと同量の糖分を含む砂糖水を準備し，口に含んだ感想を聞く。スポーツドリンクは冷たさや香り，酸味などで甘みを感じにくくなっていることや実際には相当量の糖分が含まれていることに気付かせたい。ここでスポーツドリンクは飲み過ぎると糖分の過剰摂取になることを確認し，運動時や学習時など，生活の場面に応じた水分補給の方法を考えさせたい。熱中症予防・対策や水分補給法についての知識面重視の学習にとどまらず，自らの健康について主体的に考え，改善に向けて具体的，実践的な行動がとれる生徒を育てたいと考え，本主題を設定した。

※指導のねらい，評価規準，指導計画等は省略

○本　時
(1)本時の目標
　日常の飲用習慣を振り返り，生活場面に応じた水分補給の方法を考えることができる。
(2)展　開

学習活動	指導上の留意点	評価規準・評価方法
1　熱中症について知っていることを発表する。 　・命を落とすこともある 　・スポーツドリンクを飲むとよい 2　アンケート調査結果から，飲用習慣の傾向を知る。	・体育の授業や部活の様子を思い出させる ・熱中症の症状，原因，予防法を説明する（T1） ・スポーツドリンクをよく飲む生徒が多いことを知らせる（T1）	
適切な水分補給の方法を考えよう		
3　スポーツドリンクと砂糖水の飲み比べをして，スポーツドリンクには	・スポーツドリンクと同量の糖分を含む砂糖水を準備し，生徒に試飲させ	

相当量の砂糖が含まれていることを知る。 4　運動時や学習時など、生活場面に応じた飲み物はどのようなものかを班ごとに考え、発表する。 5　自らの飲用習慣を振り返り、改善点やその方法を考えてワークシートにまとめる。	る。 • 糖分の摂りすぎによる害や1日の摂取量の目安を示す。(T2) • 生活場面に応じた飲み物の種類、量などを書き込めるホワイトボードを準備する。(T1) • 普段の生活を思い出しながら、具体的な改善方法を考えるよう助言する。	日常の飲用習慣を振り返り、生活場面にあった水分補給の方法を考えようとしている。(観察、ワークシート)

図6-5　中学校第2学年の指導案の概略

注：T1、T2 はそれぞれティームティーチングでの役割をさす。
出所：筆者作成。

たい」など、授業の感想や具体的な行動目標が明らかになっていないものは不十分であり、「スポーツドリンクとお茶をかわるがわる飲むようにする」などのようにしっかりと自ら意志決定をして、行動につながるようにまとめさせることが大切です。

　また、学習内容や発達段階に応じて、学習したことが定着し生活改善につながるよう、チェックシート等を活用するのも有効です。

3　キャリア形成に関すること

　本節では、学習指導要領の改訂により、小学校、中学校、高等学校のすべてにおいて、学活・HR 活動の内容に新たに設けられた「(3)一人一人のキャリア形成と自己実現[*4]」の実践例を紹介します。

1　指導計画の作成

　第2節の「(2)日常の生活や学習への適応と自己の成長及び健康安全」に関する内容と同様に、「キャリア形成」に関する内容は、教師が意図的、計画的に指導することになるので、1年間の指導計画は言うまでもなく、さらに長いスパンでの計画を立て、見通しをもって指導することが大切です。とくに、人生

＊4　「小学校学習指導要領」第6章「特別活動」第2「各活動・学校行事の目標及び内容」〔学級活動〕2「内容」(3)「日常の生活や学習への適応と自己の成長及び健康安全」(2017年告示)。

のなかでキャリアを自分自身で形づくっていく時代を迎えており，将来の生き方や生活につながる指導となるよう配慮することが求められます。

　キャリア教育は，学校の教育活動全体で行い，特別活動がその要となることが学習指導要領において示されています。とくに，学活・HR活動の「(3)一人一人のキャリア形成と自己実現」において，しっかりとした指導をすることが重要です。「教育活動全体で行う」と示されている場合，留意しておかないと，結局どこでも行われないような事態を招きかねません。しっかりと学級活動・ホームルーム活動を基盤としたキャリア教育を展開することが大切です。なお，キャリア教育は以前の進路に関する指導に代わるものととらえ，キャリア教育を軽視する小学校の教師が存在することが危惧されますが，小学校段階から系統的に取り組むことが必要なのは言うまでもありません。

2　指導案の作成

　キャリア形成に関する指導例として，小学校第6学年で清掃活動の見直しに取り組んだ実践事例（図6-6）の「指導案の概略（本時の活動の部分のみ）」（図6-7）を紹介します。

　清掃当番や清掃の仕方などについては，どの学校でも熱心に指導していると思います。それが，朝や帰りの会での指導であったり，清掃活動中であったりすることが多いと思います。

　清掃することの意義をじっくり考えたり，清掃の仕方の工夫について話し合ったりすることは，教育的効果も高いものです。「まじめに取り組みなさい」「すみずみまできれいにしましょう」と何度言ってもなかなかできないのは，経験上理解できると思います。学級・ホームルーム活動で取り上げるとともに，道徳教育とも関連させることで，期待以上の効果が生まれることがあります。

　なお，指導案を作成する際には，「①問題の発見・確認→②解決方法等の話合い→③解決方法の決定→④決めたことの実践→⑤振り返り→⑥次の課題解決へ」という基本的な学習過程を踏まえて作成することが大切です（図5-2参照）。

図 6-6　授業の様子

出所：筆者撮影。

第 6 学年　学級活動指導案

1　**題材名**　「自分たちの清掃活動を見直そう」
　　学級活動(3)　イ　社会参画意識の醸成や働くことの意義の理解
2　**児童の実態と題材設定の理由**
　　　（省略）
3　**活動の流れとねらい・評価規準**
　　　（省略）
4　**本時の活動**
(1)ねらい
　自分たちの清掃活動を見直すことにより，よりよい掃除の仕方を考えるとともに，友だちと協力して進んで働こうとする態度を養う。
(2)本時の展開

活動内容	指導上の留意点	●準備物　■評価
1　アンケート結果や普段の生活から，本時のめあてを確認する。		●アンケート結果
<div style="text-align:center">自分たちの掃除の時間を見直して，改善策を立てよう。</div>		
2　掃除の意義について話し合う。 (1)　掃除の時間が必要な理由を考え，交流し合う。 (2)　問題点を出し合う。 (3)　改善点をグループごとに話し合う。 (4)　意見を交流し，今後の方策を考える。	・「学校をきれいにするため」などの衛生的な理由だけでなく，「学校の一員として働くこと」についても意識させるようにする。 ・今までの掃除の現状を振り返らせながら，よりよい掃除の方法について話し合わせる。 ・人数配置についても触れてよいことにする。	■よりよい解決方法について考え，意見を言うことができる。
3　本時の学習を振り返り，今後の清掃時間の取り組みで自分が頑張りたいことを書く。 4　本時のまとめをする。	・一人一人に今後の目標を持たせ，自分の役割を意識して責任を果たそうとする意欲を高める。 ・PTA 奉仕活動等の写真を見せ，自分たち以外にも学校清掃に関わってくれている人たちがいることを知り，実践への意欲を高める。	●振り返りシート ■今後の自分の具体的な取り組みをあげている。

図 6-7　清掃の指導案例の概略

出所：筆者作成。

まとめ . . . .

　学級・ホームルームで集団生活をしていると，さまざまな問題が生じてくるのは当然のことであり，その解決を図る必要があります。また，学級・ホームルームの生活をより楽しく豊かなものにしようとすれば，多種多様な考えや意見を話合いによって合意形成することが必要です。これまで，小学校では活発に展開されてきた話合い活動，いわゆる学級会が，中学校・高校では，積極的に開催されていない状況が見られがちでした。小学校で積み上げてきた話合い活動に対する意欲や技術，能力等をさらに伸ばしていくことが必要です。民主主義の基本ともいえる「自分たちで決めたことは自分たちで守っていく」経験を重ねるためにも，質の高い話合いを続けていくことが大切です。

　また，適応や成長，健康安全に関する指導やキャリア形成に関する指導では，発達段階に応じた計画のもと，主体的に意思決定し，自己実現を図ろうとする意欲や態度を育てることが重要です。担任教師の熱意や技術によって学活・HR活動の状況に差が生じると言っても過言ではありません。学級・ホームルーム経営の充実に直結する学活・HR活動の重要性を今一度確認することが求められます。

. . . .

 さらに学びたい人のために

○文部科学省・国立教育政策研究所教育課程研究センター「学校文化を創る特別活動（高校編）ホームルーム活動のすすめ」2018年。
　　国立教育政策研究所で編集されており，ウェブサイト（https://www.nier.go.jp/kaihatsu/pdf/tokkatsu_hig_h3008-col.pdf）で紹介されています。小学校・中学校を対象にした資料も同研究所から発刊されているので参考にしてください。本資料は，高校のホームルーム活動の基礎を学べる貴重なものです。

○宮川八岐『やき先生の特別活動講座　学級会で子どもを育てる（改訂版）』文溪堂，2011年。
　　学級会に関する著者自らの指導体験等の実践事例が数多く紹介されており，学級会の重要性を確認できます。

○杉田洋『よりよい人間関係を築く特別活動』図書文化社，2009年。
　　学級活動を通して「人間関係をつくる」実践事例が数多く紹介されています。学級開きの工夫等，参考にしたいことがたくさんあります。

第7章

児童会活動・生徒会活動の特質

● ● ● ● 学びのポイント ● ● ● ●

・児童会・生徒会が学校教育のなかでどのように扱われているのかを理解する。
・異年齢交流の教育的な意義は何かを考える。
・児童会活動・生徒会活動が社会づくりにどのように関連するのかを理解する。

WORK　自治的能力や協力的態度をどう育むか

　下の図は国立教育政策研究所が実施した「2013（平成25）年度学習指導要領実施状況調査」の質問項目と結果です。

	0 10 20 30 40 50 60 70 80 90 100(%)
第1学年	20.7　43.8　27.1　8.1
第2学年	19.8　43.9　27.3　8.5
第3学年	24.8　43.8　23.2　7.7

□している　□どちらかといえばしている　□どちらかといえばしていない
■していない　■その他　■無回答

図A　話合い活動で，よい学級や人間関係をつくるため，学級としての目標や方法を決め，実行している

　注：調査対象は中学校生徒。

	0 10 20 30 40 50 60 70 80 90 100(%)
第1学年	23.9　36.5　27.0　12.0
第2学年	23.2　35.3　27.5　13.3
第3学年	28.3　35.7　23.6　11.8

□している　□どちらかといえばしている　□どちらかといえばしていない
■していない　■その他　■無回答

図B　生徒会や学校行事で，他の学年の人と協力し合って実行している

　注：調査対象は中学校生徒。

　図Aは生徒の「自治的能力」に関する実態調査の一部であり，図Bは「異年齢集団による交流」や「協力し合って諸課題を達成」することに関する実態調査の一部です。以下の課題について考えてみましょう。

①　学級の話合い活動の現状についてどのような感想を抱きましたか。

②　教師（指導者）として，今後の生徒会活動の取り組みの課題について，どのように考えればよいのかまとめましょう。

● 導　入 ● ● ● ● ● ● ● ●

　児童会や生徒会は，学校生活を送るうえでの問題を自ら探し，解決し，社会の形成者となるべく資質を養うとともに，人間関係の形成に係る考え方や態度を身に付ける実際的な場と機会を与えます。

　ところが，児童会や生徒会については，いまだに全員が会員であるとの認識や，全員参加による活動が本旨であるという意識が根付いていない実態があるようです。その理由は何か，本章では，児童会・生徒会の発足時を振り返るとともに，学習指導要領の記述を追うことによって，学習者が自ら答を導き出せるよう工夫しています。

　さらに，未来に生きる児童生徒にとって，小学生，中学生，高校生である現在における学習課題は何か，特別活動の視点から考えます。

● ● ● ● ● ● ● ● ● ●

1　児童会活動・生徒会活動の概説

　児童生徒に社会の形成者としての資質を育くもうとする特別活動は，多様な，規模と構成メンバーとによる「社会」を用意しています。そのなかで，児童会活動は全校の児童をもって組織する児童会による活動，生徒会活動は全校の生徒をもって組織する生徒会による活動として，自分たちの生活の充実・発展や学校生活の改善・向上を目指す，児童生徒による自発的・自治的な活動です。児童生徒の発達段階を考慮しながら，自主的・主体的な活動を促すことによって，学校全体の活力を高めることを期待する活動といえます。

■1■　児童会活動・生徒会活動と目標

　児童会活動・生徒会活動とはどのようなものなのでしょうか。学習指導要領（2017年告示）に基づいて整理してみましょう。

　児童会・生徒会と呼ぶ「社会」の特徴は，全校という大きな規模であることと構成メンバーが異年齢であることとにあります。このような集団の特徴を踏

まえながら，実際の活動を通して特別活動の目標（「第1の目標」と表すことがあります）に迫っていきます。

児童会活動（生徒会活動）の目標は次の通りです。[*1]

> 異年齢の児童（生徒）同士で協力し，学校生活の充実と向上を図るための諸問題の解決に向けて，計画を立て役割を分担し，協力して運営することに自主的，実践的に取り組むことを通して，第1の目標に掲げる資質・能力を育成することを目指す。

ここで，「諸問題の解決に向けて，計画を立て役割を分担し，協力して運営することに自主的，実践的に取り組む」とは，児童会活動・生徒会活動の基本的な学習の過程を示しています。すなわち，「①問題の発見，②解決に向けて計画を立て（計画立案），③役割を決め（組織づくり），④実践する」として，「Plan-Do-Check-Action」（以下，「PDCA」または「PDCA サイクル」）を機能させていくことを求めています。

ここで，小学校における児童会の運営については，発達上の能力を考慮し，主として高学年の児童が担うことにしています。小・中学校に共通することとして，代表委員会や各種委員会などの異年齢による組織を設置して，上級生は上級生として自覚と誇りをもち，下級生は下級生として学びを深めるなど，異年齢集団・組織ならではの運営を通してリーダー・フォロワーシップなどを育くもうとすることがあげられます。

特別活動全体の目標（前出の枠内では「第1の目標」）に掲げる資質・能力を育成するために児童会活動・生徒会活動が担う役割は，次の通りです。

○自治的な活動を行うために，委員会などの下部組織の必要性を理解するとともに，行動の仕方について学ぶ。

○異年齢により構成される組織における活動の意義について理解するとともに，その活動のために必要なことの理解や，行動の仕方を身に付ける。

---

*1 「小学校学習指導要領」第6章「特別活動」第2「各活動・学校行事の目標及び内容」〔児童会活動〕1「目標」（2017年告示）。「中学校学習指導要領」は第5章第2〔生徒会活動〕の1（2017年告示）。

表7-1　児童会活動と生徒会活動の内容

児童会活動	生徒会活動
(1)　児童会の組織づくりと児童会活動の計画や運営	(1)　生徒会の組織づくりと生徒会活動の計画や運営
(2)　異年齢集団による交流	(2)　学校行事への協力
(3)　学校行事への協力	(3)　ボランティア活動などの社会参画

出所:「小学校学習指導要領」「中学校学習指導要領」(2017年告示) より筆者作成。

○学校全体のよりよい生活づくりのための PDCA サイクルの定着，話合い，合意形成，意思決定，人間関係などについて学ぶ。

○多様な他者と協働する意義を理解するとともに，「社会」を学校から地域社会へと拡大して物事を考えられる能力を養う。

2　児童会活動・生徒会活動の内容

　学習指導要領 (2017年告示) は，「次の各活動を通して，それぞれの活動の意義及び活動を行う上で必要となることについて理解し，主体的に考えて実践できるよう指導する」として，小・中学校のそれぞれに3項目ずつの活動区分を提示しています (表7-1)。

　活動の内容には，まず，組織づくりと活動の計画・運営があります。これは，児童 (生徒) が組織づくりの必要性を認識するとともに，その後の充実した生活に向けて計画し，組織的に実践することを求めたものです。また，学校行事の実施にあたっては，児童会 (生徒会) の組織を活用して計画づくりや運営を行いますが，発達段階や当該行事の特質に応じて，児童会が自主的に運営に関わる，生徒会が主体的に協力する機会と場を設けるようにしています。

　小学校の児童会活動では，「異年齢集団による交流」として，計画や運営を行う集会等の活動において，学年や学級が異なる児童とともに楽しく触れ合い交流を図ることを促しています。その点，中学校では，社会を広く見つめるとともに，自立した社会を見据えた「ボランティア活動」，そして社会活動との関わりを，「参加」の姿勢から，自己実現の意識のもととなり得る「社会参画」へと，活動の内容や関わり方を深めていくことが示されています。

マズロー（Abraham Harold Maslow；1908-1970）は，低次な欲求である生理的欲求が満たされると，安全安心の欲求，所属の欲求，承認の欲求，自己実現の欲求へと，順次，高次な欲求を求めるようになることを説いています。これを援用すれば，児童会・生徒会が自分たちの生活を規律的に維持することによって構成員の安定した学校生活を保障し，学校行事や委員会活動などの参画活動によって所属感（スクールアイデンティティ）や自己有用感を生ぜしめることにつながります。そして，学校の他の活動で学んだ知識や成果を社会づくりに生かすことによって，自己実現の感覚に至るという図式を成り立たせます。

　児童会活動・生徒会活動は，諸問題や課題の解決に向けたサイクルの実施を通して，自己実現という高い価値とよい社会づくりに貢献することになるといえるのです。

3　児童会活動・生徒会活動の指導法

　児童会活動・生徒会活動はさまざまな形態をとるため，学習過程や指導方法について一つの「型」を示すことは困難です。しかし，話合いによる合意形成を基礎として，集団の課題解決や「社会」づくりを目指す学習としてその過程を示せば，「課題の確認→解決に向けた話合い→解決に向けた取り組みの合意→実践→振り返り→改善」のサイクルは，極めて有効なものになります。

　文部科学省は，「学習指導要領解説　特別活動編」において，小・中学校の発達の段階を踏まえて，図7-1，図7-2のように小・中学校それぞれの学習過程（例）を示しています。

2　児童会・生徒会の認識の変遷

1　「生徒会」の認識とそのはじまり

　1947（昭和22）年，教育基本法に基づく新しい教育がスタートしたことに伴い，文部省（当時）から「新制中学校・新制高等学校望ましい運営の指針」（文

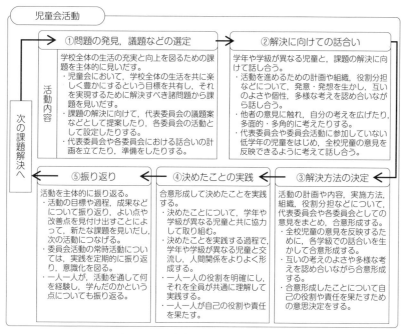

図7-1　児童会活動の学習過程（例）

出所：文部科学省「小学校学習指導要領解説　特別活動編」2017年，p. 86。

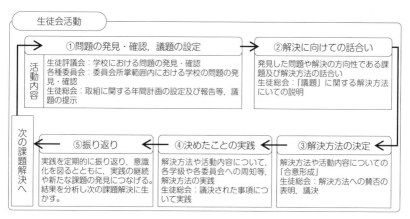

図7-2　生徒会活動における学習過程（例）

出所：文部科学省「中学校学習指導要領解説　特別活動編」2017年，p. 75。

部省学校教育局，1949）が示されました。同書は，「新制中学校および新制高等学校は，廣範囲で均衡のとれた教育的な生徒活動（特別課程活動）の計画を持たなければならない」「特別課程活動の最も重要な目的の一つは，公民性の教育にある」と理念を述べ，生徒会（ここでは無定義に用いられていますが）の活動を含む特別課程活動に係る留意点を15項目にわたって指摘しています。そのうち，生徒会に関する項目は次の通り（筆者選択）でした。

① 生徒会の規則は生徒によってつくられたか（項目6）
② 生徒会の役員を，生徒が選挙するようになっているか（項目7）
③ 生徒会は，下から上へ組織されているか（項目8）
④ 生徒会は，廣汎ないろいろな方面で活躍しているか（項目9）
⑤ 生徒会は，中央委員会をもっているか（項目10）
⑥ 学校は，全校選挙の制度をもっているか（項目11）
⑦ 学校は，定期的に生徒集会を実施しているか（項目13）

これら留意点の背景として，「生徒が参與する制度は，（中略），選挙を行い，問題を論じ，意見を交わし，寛容の徳を養い，政治の初歩の実際を学び，よい指導者よい服従者になることを学び，常に上から科せられた規律に従うよりは自らを律するなどの機会を，生徒に與えたいという校長と教師の純粋な願望に基づくべきものである」との考え方が示されています。

この資料の周知により，全国の各地に見られた生徒自治会の組織について，学校における自治組織という概念で再確認されるとともに「生徒会」という名称に統一されていきました。

2 生徒会（児童会）とこれまでの学習指導要領

生徒会・児童会の学習指導要領における扱いを表7-2で追ってみます。

この表からわかる通り，とりわけ生徒会活動は，生徒の「自治」をめぐる論争をかかえながら，一貫して生徒の自主的な活動や取り組みを促してきたのです。

表7-2　小・中学校学習指導要領における児童会活動・生徒会活動等の扱い

小学校の動き	中学校の動き
【1951年試案】児童会・生徒会を定義	
児童会：全校の児童によって選挙された代表児童をもって組織されるものであって，代表児童に代わって発言し，行動し，学校生活のよい建設に協力参加することを目的とする。	生徒会：生徒を学校活動に参加させ，りっぱな公民となるための経験を生徒に与えるためにつくられるものである。学校に籍をおくものは，そのまま皆会員となって，会員の権利と義務および責任をもつことになる。
【1958年改訂版】児童会の定義変更，児童会活動・生徒会活動が新出	
児童会：全校の児童をもって構成。学校生活に関する諸問題の解決，学校内の仕事を分担処理するための活動を行う。	生徒会：全校の生徒で構成。主として学校における生徒の生活の改善や福祉を目指す活動，およびクラブ活動，学級活動などの生徒活動の連絡調整に関する活動を行う。
【1968年（中学校は1969年）改訂版】児童活動・生徒活動として統一	
児童会活動は児童活動に含まれる。学校生活に関する諸問題を話し合い，解決し，さらに，学校内の仕事を分担処理するための活動を行う。その運営は，主として高学年の児童が行う。	生徒会活動は生徒活動に含まれる。生徒の学校生活の改善と向上を図る活動および生徒活動における他の諸活動間の連絡調整に関する活動を行う。
【1977年改訂版】特別活動の筆頭構成項目に児童活動	
児童会活動は児童活動に位置づけられ，学校生活における諸問題を話し合い，その解決を図る活動および学校内の仕事の分担処理に関する活動を行うこととし，その運営は，主として高学年の児童が行う。	生徒会活動は生徒活動に位置づけられ，学校生活の充実や改善向上を図る活動，生徒の他の諸活動についての連絡調整に関する活動及び学校行事への協力に関する活動を行う。
【1989年改訂版】独立した活動領域に児童会活動・生徒会活動	
・小・中学校とも，教師の適切な指導の下に，児童生徒の自発的，自治的な活動が展開されるように求めた。 ・小・中学校とも活動内容は，A学級活動，B児童会（生徒会）活動，Cクラブ活動，D学校行事	
児童会活動：学校生活の充実と向上のために，諸問題を話し合い，協力してその解決を図る活動を行う。	生徒会活動：1977年改訂版の記述とほぼ同じ。
【1998年改訂版】中学校にボランティア活動	
	中学校では，A学級活動，B生徒会活動，C学校行事 生徒会活動：学校生活の充実や改善向上を図る活動，生徒の諸活動についての連絡調整に関する活動，学校行事への協力に関する活動，ボランティア活動などを行う。
【2008年改訂版】児童会活動・生徒会活動に活動目標	
児童会活動の目標：児童会活動を通して，望ましい人間関係を形成し，集団の一員としてよりよい学校生活づくりに参画し，協力して諸問題を解決しようとする自主的，実践的な態度を育てる。 児童会活動の内容：(1)児童会の計画や運営，(2)異年齢集団による交流，(3)学校行事への協力	生徒会活動の目標：生徒会活動を通して，望ましい人間関係を形成し，集団や社会の一員としてよりよい学校生活づくりに参画し，協力して諸問題を解決しようとする自主的，実践的な態度を育てる。 生徒会活動の内容：(1)生徒会の計画や運営，(2)異年齢集団による交流，(3)生徒の諸活動についての連絡調整，(4)学校行事への協力，(5)ボランティア活動などの社会参加
【2017年改訂版】小中学校に共通目標の設定	
共通目標：異年齢の児童（生徒）同士で協力し，学校生活の充実と向上を図るための諸問題の解決に向けて，計画を立て役割を分担し，協力して運営することに自主的，実践的に取り組むことを通して，第1の目標に掲げる資質・能力を育成することを目指す。	
児童会活動の内容：(1)児童会の組織づくりと児童会活動の計画や運営，(2)異年齢集団による交流，(3)学校行事への協力	生徒会活動の内容：(1)生徒会の組織づくりと生徒会活動の計画や運営，(2)学校行事への協力，(3)ボランティア活動などの社会参画

出所：筆者作成。

3 児童会活動・生徒会活動を支える学びの特質

児童会活動・生徒会活動の特質と，その学びの意味を考えてみましょう。

1 異年齢交流の教育的意義

　児童会活動は異年齢集団による交流を直接の活動内容とするとともに，児童会活動・生徒会活動ともに，「異年齢集団による交流を重視するとともに，幼児，高齢者，障害のある人々などとの交流や対話，障害のある幼児児童生徒との交流及び共同学習の機会を通して，協働することや，他者の役に立ったり社会に貢献したりすることの喜びを得られる活動を充実すること[*2]」と指導上の配慮を求めています。

　では，異年齢集団による交流について，人間関係の育ちの視点からその意義を考えてみましょう。

　心理学者としての臨床経験に加え，問題行動を起こす青年たちの心理療法やインディアンの生活臨床研究などを通して，人間の一生における発達について円環的に理論を述べたエリクソン（Erikson, E. H.；1902-1994）は，「重要な他者」という概念を投入して心理社会的発達理論を確立しました。それによると，乳児期には「基本的信頼 vs 不信」，幼児前期には「自律性 vs 恥・疑惑」，幼児後期は「積極性 vs 罪悪感」，学童期は「勤勉性 vs 劣等感」など，乗り越えるべき課題が「危機」として示されています。彼の説の特徴的なところは，当該課題は重要な他者（乳児期の母親，幼児期の両親などの家族，学童期の地域や学校，青年期の仲間やロールモデルなど）を通して獲得されていくとしたところにあり，他者の支えのなかでこそ，成長・発達があることを暗に示しています。

　千葉県の教育相談機関は，「人には心が育つ道筋があります。その道筋は，人と人との関わりのなかからつくられます[*3]」として，自立への過程が「師弟

＊2　「小学校学習指導要領」第 6 章「特別活動」第 3 「指導計画の作成と内容の取扱い」2 (4)（2017年告示）。「中学校学習指導要領」は第 5 章第 3 の 2 (4)（2017年告示）。

（親子）関係→下級生との関係→同級生との関係」を経ることを示しています。

　このように，人間関係は母親，家族，教師，下級生との関わり（以下，タテの関係）を基本に，道徳的価値の獲得を伴って深まりをみせていくのが一般的であると言われます。また，世代の異なる人や境遇の異なる人との交流にあっては，別次元の価値との出会いが想定され，人間としての生き方を深く考えるきっかけとなる，共生意識を高めることにつながるものと期待されています。

　児童会活動・生徒会活動が異年齢交流を重視する理由は，タテの関係のなかで生まれる信頼感，自尊心，そして自律の感覚などを獲得することが底流にあります。そしてタテの関係が，ある程度満たされるところまで成長・発達すると，仲間や友だち意識に基づく関係（ヨコの関係）が加わり，いよいよ他者意識がたくましく育ち始めるのです。

　このような人間関係形成サイクルとして，児童会活動・生徒会活動という場と機会を得て，世代を超えて行われる交流が機能し，「社会」が人間的に豊かに育まれていくことが期待されることになります。

2　自主的，自発的，自治的という指導概念

　児童会活動や生徒会活動は，主に学校生活全般に関する自発的・自治的な活動であり，地域社会における自治活動につながるものです。しかし，「自発」には多様な価値観が含まれており，必ずしも人間社会にとって好ましい行動を導くものばかりではありません。また，かつて「自治」の解釈をめぐって混乱が生じたことがあり，学校は校長が責任をもって管理運営するところであることを明確にしてきた経緯があります（本章第2節参照）。

　それらのことを踏まえ，学習指導要領（2017年告示）では，「生徒会活動の指導については，指導内容の特質に応じて，教師の適切な指導のもとに，生徒の自発的・自治的な活動が効果的に展開されるよう[4]」にと，「的」を用いて表現されているのです。

＊3　千葉県総合教育センター『教育相談ハンドブック』研究報告第334号，1997年，p. 48。

同様に，自主性とは，他人からの干渉や保護を受けずに率先してやるべきことを自ら行うことであり，そのうえで，自主的な態度とは，自分たちに与えられた課題について深く考え，行動することと解釈します。

　ボランティア活動などの社会参画に関する活動は，自発性や自主性が求められ，人間尊重の精神に立って社会のなかでともに生きる豊かな人間性を培うとともに，自分を見つめ直し自己実現に向かって人生を切り拓く力を育むうえで大切な活動になります。生徒会活動が行おうとするボランティア活動や社会参画への取り組みは，生涯学習社会が目指す自立した市民社会のあり方そのものなのです。

　とりわけ中学校の生徒会活動においては，小学校の児童会活動で身に付けた態度や能力を基礎にし，生徒の自発的，自治的に活動する態度や能力を高めていくようにすることが求められており，自主的，実践的に活動できる場や機会の計画的な確保も含めた学校の一貫した指導体制の下に運営される必要があります。その際，生徒の自主性，自発性をできるだけ尊重し，生徒が自ら活動の計画を立て，生徒がそれぞれの役割を分担し，協力し合って望ましい集団活動を進めるよう，教師が適切に指導・援助することが大切です。

4 児童会活動・生徒会活動の指導法

1 児童会活動・生徒会活動の指導の担当

　多くの学校では校務分掌としての指導担当者が示されています。しかし，児童会活動・生徒会活動は児童・生徒全員が関わる活動であることから，主担当者を中心に，すべての教員が指導にあたることを忘れてはなりません。

　具体的には，学級活動と連携するためには学級担任による指導，委員会活動の場合には関連する校務分掌の担当教員の指導は欠かせません。その他，教職員が役割分担をして全員が関わる指導の体制として，計画や振り返り，児童生

＊4　「中学校学習指導要領」第5章「特別活動」第3「指導計画の作成と内容の取扱い」の2(1)
　　（2017年告示）。

徒のよさなどについて，職員会議等で情報交換をすることによって，本活動の活性化が図られていきます。

2　指導計画の必要と指導法

計画には，年間指導計画と，生徒総会などの短期間に集中的に行われる活動ごとの指導計画とがあります。

年間指導計画が必要な理由をここにあげておきましょう。

第1は，場当たり的な活動にしないということです。全教職員が関わることは，結果的に各教員の自由裁量部分が増えることにつながります。そこでの欠点を補い，時間的にも組織横断的にも全体の方向性を見失わず，協力体制のもとで指導が行われるようにする配慮と意義づけられます。

一般に，年間指導計画には，目標，内容，指導組織，時間配当，年間に予想される主な活動と方針，評価に関する基本方針，活動場所・施設，予算などの項目が掲げられます。このように，学校の教育活動全体の流れを明確にしておくことは，児童生徒にとって，時期的な見通しをもてるとともに，学校に協力できる体制をつくることができます。また，そうすることで，全教職員の共通理解と協力による共通実践が可能になります。

第2に，各組織や活動と相互関連を図ることができることです。特別活動を実施している間，児童生徒にとっては，特別活動を実践している意識はどの程度あるでしょうか。おそらく，国語や道徳などと異なり，特別活動というよりは学校の教育活動の一経過といった認識に立っている現実があるのではないでしょうか。しかし，それだけに，特別活動の各活動や行事は，学校の諸活動を統合して実践する機会であり得ることになります。校内の諸活動と相互に適切な形で関連づけられるよう，指導する教員にとっても活動する児童生徒にとっても，俯瞰図を示すことが望ましいことでしょう。

次に，生徒総会や各行事への協力など，短期間，集中的に行われる活動の計画と指導法について考えてみましょう。

この場合の活動の計画は，学習指導案と同様の位置づけとなります。たとえ

ば，中学校で行われる生徒総会は，生徒全員で活動方針や活動内容について話し合い，生徒が学校に所属する自覚をもつよい機会となるとともに，よりよい学校生活や校風を築き学校文化の創造に大きな役割を果たします。そのために，実際に行われていることは，事前の活動・当日の活動・事後の活動を適切に指導するための入念な準備です。活動計画とは，このように指導方法と一連の指導の流れを可視化する学習指導案そのものです。

このような，教員の配慮や準備と指導によって，生徒は，自分たちの学校を自分たちでより豊かにすることができた実感を味わうことができるのです。

5 児童会活動・生徒会活動と生徒指導との関連

学校教育の大きな課題の一つに，いじめ問題の対策があります。

いじめは，いじめられる側の人間が孤立の状況に追い込まれ，心理的にも肉体的にも限界を迎えたとき，状況打開の解決方法として自死を選択肢としてもちやすいことが最大の問題です。しかし，問題はそこにとどまりません。いじめは，差別が常態となっている社会のなかで発生しやすく，その意味で差別に鈍感な文化のなかで発達していくという現実があるからです。いじめは，誰も幸福になることがない行為なのです。

集団が，児童生徒一人一人の人格を尊重し，個性や能力を認め合い，ともに社会づくりに参画している感覚をもつとき，いじめは発生する機会を奪われます。児童会・生徒会が，大小さまざまな規模による活動を保障し，異学年の児童生徒や学校外の人々との交流を通して多様な価値観に触れるとともに，それを超えて共生意識や人間としての在り方に関する意識を目覚めさせるとき，社会の形成者として差別に敏感になり，いじめを嫌う文化が形成されるものと期待できるのです。いじめ対策の根本は，「いじめを嫌う文化」をつくることにあります。児童会活動・生徒会活動は，その意味で，いじめ問題の根本的解決に資する活動ということになります。

児童会・生徒会活動の特質とは，このような，学校生活や所属する集団に内在する諸問題に自分たちが気付き，その解決を目指した取り組みに参画し，協

力的に活動するというところにあることを，ここに確認します。

 まとめ ・・・・・・・・・・・・・・・・・・・・・・・・・・・・・・・・・・・・

　　生徒会は，存在の必要性が認識されながら，その活動（とりわけ「自治」）をめ
ぐっては，過去においてさまざまな混乱がありました。しかし，その教育的な意義
をめぐっては，学校生活をめぐる活動の主体が「児童生徒」にあることは常に認識
され，児童生徒が生きる将来に視点を当てて教育が行われていたことが理解されま
す。つまり，社会の形成者となる資質と自立，生涯にわたる自己実現を希求する生
き方を可能にする学校づくりが，戦後の各時期を超えて求められ続けていたのです。
　　自己実現の先にあるのは「楽しさ」でしょう。学校の究極の目標を「楽しい思い
出づくり」に置くとき，児童会活動・生徒会活動は，常にその最先鋒にいることが
確認されます。

・・・

 さらに学びたい人のために

○文部科学省・国立教育政策研究所教育課程研究センター『学級・学校文化を創
　る特別活動（中学校編）』東京書籍，2016年。
　　中学校の特別活動について，指導のポイントや指導上の留意点をQ&Aと
　実践事例を紹介したものであり，学校における実践のための資料としてまとめ
　られています。

○赤坂雅裕・佐藤光友（編著）『やさしく学ぶ特別活動』ミネルヴァ書房，2018
　年。
　　編者は「特別活動が子どもを生き生きとさせ，学級・学校生活に感動や喜び
　をもたらす」と述べて，具体的な指導事例を取り入れるとともに，理論と実際
　とを切り離さないよう可視化の工夫がなされています。また，第3章の「特別
　活動の歴史」（有村久春：著）では，学習指導要領を中心とした特別活動の歴
　史がまとめられています。

第8章

児童会活動・生徒会活動の実践

・・・　学びのポイント　・・・

・児童会活動・生徒会活動のねらいや活動の特質を知る。

・児童生徒主体の活動になるための指導方法を知る。

・実践事例から，指導方法や留意点を押さえ，実際に指導のイメージをもつ。

WORK　児童会活動・生徒会活動を体験しよう！

　児童会活動・生徒会活動は学校，地域，そして社会のことを「自分事」としてとらえ，みんなで話し合い，実践し，振り返る活動です。学びのフィールドは教科書のなかではなく，今生きている日常生活です。まずは以下の問いを通して，社会のことをみんなで考え，みんなでつくる活動を「自分事」として体験してみてください。

　あなたは今年大学に入学した大学1年生です。この夏，大学祭の実行委員に応募し，取り組むことになりました。実行委員会は1〜4年生で構成されています。あなたは受験生部門になりました。部門員は10名おり，1〜4年生までいます。大学祭当日に教室で発表することが決まっています。
　受験生部門の発表の目的は，「高校生に対して大学のよさをアピールすること」です。この部門の一員として，次のことについてあなたの考えを紙に書いてみましょう。
　また，個人で取り組んだ後，2〜4人のグループになり，実際に企画の内容について話し合ってみましょう。

　①　どんな企画を考えたいですか。

　（　　　　　　　　　　　　　　　　　　　　　　　　　　　　　）

　②　どうしてそのような企画にしたのですか。

　（　　　　　　　　　　　　　　　　　　　　　　　　　　　　　）

　③　1〜4年で取り組み内容を決めるときに大切なことは何ですか。

　（　　　　　　　　　　　　　　　　　　　　　　　　　　　　　）

● 導　入 ● ● ● ● ● ● ● ●

　筆者が初任の時に教わった言葉の一つに，このようなものがあります。「学校を組織として大きく変えることができるポジションは 2 つしかない。一つは校長先生。そしてもう一つが「児童会活動・生徒会活動」である」。この言葉に出会ったことが児童会活動・生徒会活動に興味をもつきっかけになりました。それからさらに勉強していくと，この活動が子どもたちの将来の生活にいかに密接に関わり，つながっているのかがわかってきました。

　考えてみてください。学校では主に，教室のなかで同い年の友だちと過ごすことがほとんどです。しかし，大人になると，職場や町内会，さらには家族まで，どの組織においても「異年齢集団」での活動がほとんどを占めます。児童会活動・生徒会活動の特質はその「異年齢集団」です。異年齢の児童生徒同士で協力し，学校生活の充実を図るための活動なのです。つまり，児童会活動・生徒会活動は，将来すべての人が経験する異年齢集団活動を学校で学ぶことができる活動だといえます。

　本章では，児童生徒が異年齢集団のなかで，上学年が下学年のことを思いやり，下学年が上学年をあこがれるような活動にするため，実際の活動例を通して学んでいきたいと思います。

● ● ● ● ● ● ● ● ●

1　児童会活動・生徒会活動の特質や指導のポイント

　本章の WORK は，児童会活動・生徒会活動の特質を理解しやすくするために設定しました。やってみて空欄があっても構いません。本章を読み進めるなかで，この WORK に立ち返り，拠り所として学ぶと自分自身の経験や考えと関連づけて学べると思います。

　ここでは児童会活動・生徒会活動の特質や内容について説明します。この節で述べることは，みなさんが教育現場で指導するときのポイントとなる内容です。そのポイントは以下の 3 つです。

　　ポイント 1：「思いやり」と「あこがれ」

　　ポイント 2：「リーダー」と「フロアー」

　　ポイント 3：「当番的な活動」と「創造的な活動」

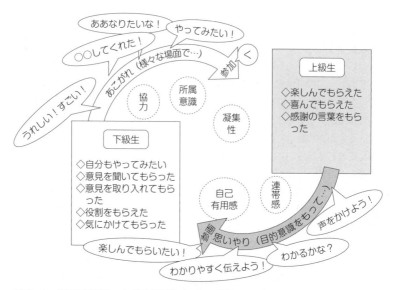

図8-1 児童会活動・生徒会活動における「思いやり」と「あこがれ」の関係図

出所：東京都小学校特別活動研究会「平成27年度　よりよい人間関係を形成する特別活動の在り方」『研究紀要』52，p. 35。

1　ポイント1――「思いやり」と「あこがれ」

　児童会活動・生徒会活動のキーワードは「思いやり」と「あこがれ」です。この活動の特質として，児童生徒全員をもって組織されていることがあげられます。たとえば，小学校で4月当初に行われる「1年生を迎える会」は全校児童全員が出し物や飾り付けを行い，1年生に入学のお祝いをする会です。この時，もちろん1年生も児童会の構成メンバーですので，1年生からの出し物もあります。中学校でも，同様です。

　異年齢集団の利点は交流することで「思いやり」と「あこがれ」の気持ちが表出されやすいということです。在校生のお兄さんお姉さんが優しく出迎え，思いやりをもって接することで，新入生は「こんな人になりたい！」「学校が楽しみだ！」とあこがれの気持ちを抱きます。図で見ると，図8-1のようになります。図8-1の上部矢印には，よく見ると「参加」の横に「く」とあり

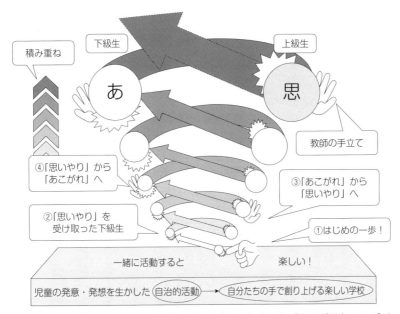

**図8-2　児童会活動・生徒会活動における「思いやり」と「あこがれ」のスパイ
ラル図**

出所：東京都小学校特別活動研究会「平成27年度　よりよい人間関係を形成する特別活動の在り
方」『研究紀要』52，p. 35.

ます。これは，お客様のようにただ参加するのではなく，一緒につくっていく
「参画（さんかく）」を表します。一人一人が「自分事」としてとらえ，行動す
ることで参画意識が高まり，よりよい集団活動が展開されるようになります。

　こうして出てきた気持ちをさらに向上させるために，教師が意図的に指導す
る必要があります。たとえば，模造紙に「振り返りの木」を用意し，違う学年
にしてもらって嬉しかったことをカードに書いて貼ることなどです。継続的な
交流が積み重なると，図8-2のように，その気持ちが高まり，よりよい人間
関係を育んでいきます。

　「思いやり」と「あこがれ」は学級活動のなかでももちろん表れますが，「勉
強はいまいちでも，下級生の面倒見のよさならピカイチ」「ボランティア活動
ではいなくてはならない」など，児童会・生徒会活動でしか見れないという醍
醐味があります。児童生徒を褒めるものさしがたくさん増えます。そのよさを

表出する指導の工夫が，児童生徒の自尊感情の高まりにつながります。

　教師になってからではなく，大学のサークル活動やアルバイト先など，「思いやり」と「あこがれ」の心情を育てることを今から意識しながら活動に励んでみてください。

２　ポイント２──「リーダー」と「フロアー」

　リーダーとは，集団を目的へ導く人を指します。フロアーとは，それを支えるメンバーです。

　児童会活動では，主に高学年がリーダーとして，集団をまとめていくことが多く，６年生は全員がリーダーの経験をすることが大切です。これを「場面リーダー」といいます。中学生以上の生徒会活動では，ある一定の生徒がリーダーを務め，生徒会を運営していく形となります。この時に，小学生の頃の場面リーダーの経験を生かせるようにすることが大切です。

　指導者として，リーダー育成ばかりに目がいくことはよくあります。しかし，リーダーを育てることよりも大切なのは，フロアーへの指導です。たとえ支援を要する児童生徒がリーダーの立場になったとしても，うまくいく集団になることが望ましいのです。そうするにはフロアーへの指導が鍵を握ります。

　児童会・生徒会活動では，リーダーが思いやりをもって活動することはもちろん，フロアーがただ「参加」するのではなく，「今どう反応したらリーダーは助かるかな？」とフロアーとして「参画」し，集団の一員としてどう行動するか考えられるように指導することが大切です。これは児童会・生徒会活動だけでなく，学級経営するうえでも大切なポイントです。

３　ポイント３──「当番的な活動」と「創造的な活動」

　児童会活動・生徒会活動で見かける心配な例は２つあります。１点目は，活動が先生の下請け機関になっていることです。これではただ教師に言われたことをそのまま行うことが多くなります。２点目は昨年度やった活動をそのまま

やるということです。これでは，児童の主体的な態度が生まれません。こうなると，児童生徒への動機付けが浅く，「やらされている」という気持ちになり，先ほど述べた「思いやり」と「あこがれ」などが表れにくくなります。

児童会活動・生徒会活動は大きく以下の2つに分けられます。

- 当番的な活動……あらかじめ決められた仕事を分担して行う活動。
- 創造的な活動……児童の発意・発想を生かした活動。

たとえば，運動委員会では，当番的な活動は体育倉庫の定期的な掃除や道具の整理整頓などです。創造的な活動は，話合いによって取り組む内容を決めて行うもので，「体力テストに向けてコツを押さえよう」「全校で鬼ごっこをしよう」などがあります。

当番的な活動ももちろん大切な活動ですが，それに終始するのではなく，児童の発意・発想を生かした創造的な活動を行うことで，「思いやり」と「あこがれ」が表出されるようになるのは言うまでもありません。

4　児童会活動・生徒会活動の種類

児童会活動・生徒会活動にはいくつか種類があります。本書第7章でも説明がありましたが，もう一度確認してから実際の実践を見ていきたいと思います。

①児童会活動（小学校）

【代表委員会】

各委員会の委員長と学級委員が集まり，学校の諸問題について話し合い，解決方法を話し合う活動のことです（図8-3）。

【委員会活動】

集会委員会や，広報委員会，放送委員会など，主として高学年の児童で構成し，学校の運営に携わる活動のことです。

【児童会集会活動】

児童の発意・発想を生かした集会の企画・運営を行うもの。大きくロング集会とショート集会に分けられます。

- ロング集会………主に，1単位時間を使って行うもの。1年生を迎える

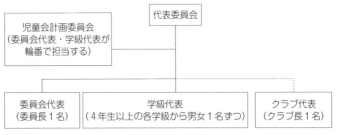

図8-3 代表委員会の構成図

出所：筆者作成。

会，学校祭り，6年生を送る会など。

- ショート集会……全校朝会などのように，朝の15分程度で行うもの。集
会委員会が企画した集会活動，各委員会の発表，運動
会前の石拾い集会，特技自慢大会などがあげられる。

②生徒会活動（中学校・高等学校）

【生徒総会および生徒評議会】（中央委員会など）

生徒総会は全校生徒による最高審議機関。生徒会規約の改正などを審議します。生徒評議会は学級や各種委員会から出される諸問題の解決や議案などを審議する機関のことです。

【生徒会役員会】（生徒会執行部など）

生徒会全体の運営や執行に当たります。活動は学校内にとどまらず，学校外に情報発信する役割も担います。

【各種委員会】（常設の委員会や特別に組織される実行委員会など）

小学校と同様に委員会活動を行うとともに，文化祭，合唱祭，体育祭などの学校行事の実行委員会を組織し，実践活動の推進の役割を担います。

2 代表委員会活動の実践

実際に筆者が小学校で行った代表委員会の取り組みを見てみましょう。本実践は，多くの学校で「○○小学校祭り」「○○フェスタ」などと称される祭りで，主に中学年以上の各クラスが「お化け屋敷」や「アスレチック」「劇」な

どの出し物を出店するものです。本校で，そのお祭りに向けて，代表委員会で全校児童が交流できるように学校全体としてどのように取り組むかを話し合った実践です。

■1　代表委員会での話合い活動

〈議　　　題〉　○○小学校祭りへの気持ちを高めよう。

〈提案理由〉　今年も学校祭りの季節がやってきた！全校が交流できる祭りの工夫を考え，「楽しかった！」と全校のみんなが思えるようにしたいから。

〈決まっていること〉

- 3年生以上の学級が出し物を行うこと（お化け屋敷，劇，ゲームセンターなど）。
- 司会や黒板記録は6年生の各委員会の委員長が行うこと。

今回の議題は年間の計画に位置づけられている議題です。各学級の出し物ではなく，学校全体の取り組みとして，学校の代表者が代表委員会で話し合い，話し合ったことを学級や各種委員会で実践します（図8-4）。ここで大切なことは，議題を予告し，学級代表が事前に意見を学級の児童に聞いたり，考えたりすることです。こうすることで，全校の意見を取り入れた活発な話合いになります。この時に実際に話し合い，決まったことは以下の通りでした。

〈話し合うこと①〉　全校児童が交流し楽しめる内容・工夫を決める。

- 昇降口にカウントダウンカレンダーを設置する。
- 振り返りの木を設置し，各学級のよかったことをその学級の木に貼る。
- 祭りをイメージできるように祭りのBGMを流す。
- 放送委員会が登校・下校の放送の時に学校祭りの校内の様子を伝える。
- 図書委員会が工作や劇の本を紹介するコーナーをつくる。
- 集会委員会が学校祭りアピール集会の企画・運営を務める。

図 8-4　話合いの様子
出所：筆者撮影。

図 8-5　実際の振り返りの木
出所：筆者撮影。

〈話し合うこと②〉　役割を分担する。

- はじめの言葉／おわりの言葉
- カウントダウンカレンダー
- BGM
- 振り返りの木（模造紙）（図 8-5）
- 振り返りの木に貼るカード（画用紙）
- 放送・図書・集会委員会はそれぞれ決まったことを各委員会で話し合い，作成する。

2　代表委員会での話合いのポイント

　話合いで決まった内容は，「委員会や学年・学級に一任するもの」「代表委員会のメンバー全員で行うもの」「代表委員会のメンバーや役割分担するもの」などに分けられます。今回で言えば，「工作や劇の本を紹介するコーナー」は図書委員会に一任するもの，「カウントダウンカレンダー」は○○さん・△△さんといったように，代表委員のメンバーで役割分担し，担当するもの，「振り返りの木」は学級委員全員が担当するなどとします。

　この役割分担でも，できるだけ違う学年が同じ役割を担当し，異年齢での活動を取り入れることで，「あこがれ」や「思いやり」を表出し，あたたかな学校文化を創ることができます。たとえば，6年生が5年生に対して「このカー

ドにふりがなをつけて1年生にもわかるようにしよう！」と言い，それを聞い
た5年生が「やっぱり6年生は学校全体のことを考えていてすごい！」と思う
ことも実際にありました。このように，5年生が6年生になったらぜひ真似し
ようと考えることで，自然に学校の伝統が築かれていきます。

3 委員会活動の実践

1　集会委員会で育みたい資質・能力

　委員会活動のなかでも，ここでは集会委員会について見ていきます。集会委
員会とは全校児童が朝に校庭や体育館に集まり，簡単な運動や，クイズ大会な
どを企画・運営する委員会です。第1節で述べたポイントに照らして見ると，
ポイント2の「リーダー」経験が多く，全校児童の前で発表する機会が多くあ
ります。また，ポイント3で述べた当番的活動がなく，創造的活動がほとんど
すべてなので，児童の発意・発想が生かされやすい委員会です。集会に向けて
準備をするので，見通しをもつ力や，本番での臨機応変に対応する力などが身
に付きます。

　以下に，委員会で集会委員会について話合った内容を見ていきます。実際の
話合いは図8-6のように行われました。

〈議　　題〉　12月の児童集会をしよう
〈提案理由〉　全校のみんなが学年をこえて遊び，笑顔になって，集会をまた
　　　　　　　やりたいと思ってもらいたいから。
〈決まっていること〉
・日程：12月17日（木）（残り14日！）
・場所：体育館
・時間：朝のショート集会（15分間）
〈話し合うこと①〉　学年をこえて遊び，笑顔になれる内容を決める。
〈話し合うこと②〉　学年をこえて遊び，笑顔になれる工夫を決める。

図8-6　実際の話合いの様子　　　　　図8-7　振り返りの様子
出所：筆者撮影。　　　　　　　　　　　　出所：筆者撮影。

〈話し合うこと③〉　役割を分担する（時間があれば）。

2　集会委員会の指導の工夫

集会委員会を進行するうえで，以下のような手だてを打ちました。

①集会委員会オリエンテーション

4月当初第1回集会委員会では，児童から集会委員会の魅力ややりがいを新しく入る児童に伝える活動をしています。児童から昨年度使った司会原稿や映像などを紹介することで，活動の見通しや期待感がもてるようになりました。児童が語る言葉は時として，教師が伝えるよりも期待感を膨らませることができるので，こうした伝統を毎年引き継いでもらいたいと思います。

②集会直後の振り返り

集会直後とその日の休み時間に活動を振り返っています。図8-7では，児童同士が今回の集会のよかった点や，課題点などを共有し，次はどうしていきたいかを話し合っています。それが次回の集会の活動や提案理由のもとになっていきます。

時には，校長や他の教師が振り返りの場面に参加し，児童の頑張りを賞賛しています。

③集会当日までのスケジュールを掲示

児童が集会当日まで見通しをもって活動することで，児童の自発的，自治的

集会委員会・年間のめあて 全校児童が楽しく絆を深め笑顔があふれる。そして歴史に名を刻む集会委員						
11月・12月	集まる時間や場所を書き込もう！					
月	火	水	木	金	土	日
11月23日	24	25	26 ・児童集会 ・全員振り返り	27 ・全員 (意見の出し合い)	28	29
30 ・全員 (話合いの進め方の確認)	12/1 話合い 本番!!	2	3	4	5	6
7	8	9	10 持久走大会	11	12	13
14 リハーサル	15	16	17 児童集会 本番!!	18	19	20

図8-8　スケジュール（例）

出所：筆者作成。

な活動が効果的に展開されるようになると考えました。そこで，集会当日までのカレンダーを掲示し，次回の集会までの流れを書き込むことができるようにしました（図8-8）。今後の活動の流れを可視化することで，児童も教師も見通しをもって集会の準備に当たっています。

④「委員会ノート」の作成

毎月の委員会活動が積み重なり，よりよい学校づくりへとつながっていくために委員会ノートを用いて，振り返りを書けるようにしています。活動記録ノートには委員会のめあてを書くスペースや，年間の行事予定，オリエンテーションの資料なども貼り，児童が自主的に活動できるように工夫します。教師も児童の振り返りに必ずコメントし，学級担任を介して返却するため，普段見えにくい委員会活動での頑張りを学級担任も知ることができるようにしています。

⑤感想カードの活用

集会後に全校児童が集会の感想を書けるようにしています。感想を書いたカードには，集会委員がコメントをして返却します（図8-9）。集会委員には

121

図8-9　児童が書い
た感想カード

出所：筆者撮影。

図8-10　集会委員会が感想カードを手
渡す場面

出所：筆者撮影。

図8-11　実際の集会の様子

出所：筆者撮影。

「また次も参加したくなるようにコメントを書こう」と指導します。

　この活動を積み重ねていくと，集会直後に集会委員が全校児童へ直接手渡しをするようになりました（図8-10）。これは，「全校児童に感想を書いてほしい」という思いやりの気持ちの表れであり，全校児童が交流できる場にまで高まってきています。

　集会委員からカードをもらった児童が「また次も楽しみだな」「次はどんなこと書こうかな」と考え，フロアー側の参画意識が変容し，次回の集会に臨む意識が高まっています。年度末には，集会が始まる際にフロアーから歓声が上がり，楽しもうとする雰囲気をつくっています（図8-11）。

まとめ

　本章では，児童会活動・生徒会活動のねらいや活動の特質，指導方法などを実践事例を通して紹介しました。特別活動は大学のサークル活動や大学祭など，みなさんにとって身近な活動が多いのではないでしょうか？

　児童会活動・生徒会活動は職場や家族，自治会，町内会，子ども会など，将来のビジョンに欠かせない「異年齢集団」」での活動ばかりです。今の子どもたちが大人になった時の平均寿命を知っていますか？　ある予測では107歳と言われています。65歳で定年を迎えても，まだ人生の折り返し地点というわけです。100年時代を生きていく子どもたちにとって，こうした異年齢集団で話し合い，役割分担し，実践し，振り返る活動は生きる意味になり，活力になるはずです。

　教師になる前に，児童会活動・生徒会活動に出会えたのは幸せなことで，実践すれば，みなさんの教師人生を豊かにしてくれるでしょう。どうか教師になった時に，「人生を生き抜くために大切な教育活動が児童会活動・生徒会活動」ということだけでも意識して取り組んでみてください。

　さらに学びたい人のために

○清水弘美，浅原孝子（取材・構成）『特別活動でみんなと創る　楽しい学校』小学館，2017年。

　　筆者が勤務していた小学校が特別活動を通していきいきとした学校へと変化した軌跡です。現役の校長が学校経営について書いている書籍は多くありません。学生から保護者まで，幅広く読まれている本ですので，ぜひご一読ください。

○熊本県小学校特別活動研究会（編）『楽しい！学級づくり　5・6年（令和新装版）』小学館，2020年。

　　本書は，学級づくりを12か月に分けてその時期に合った取り組みを紹介しているだけでなく，第1回目の委員会活動の進め方など，高学年において必要な指導例を具体的に示しているので，活動がイメージしやすいです。

第9章

クラブ活動の特質

● ● ● 学びのポイント ● ● ●

- クラブ活動とその特質を理解する。
- クラブ活動の目標・内容・方法を理解する。
- クラブ活動の指導上の留意点を理解する。

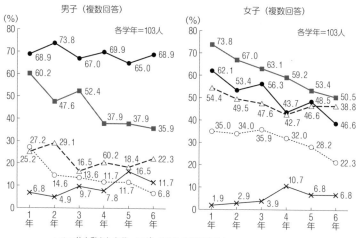

WORK　小学生が好きなことって何？

　次の図は，小学生の好きなことを4つの選択肢（「その他」を含め5つ）のなかから選んでもらった調査結果です。

　これらについて，以下の問いについて考えてみましょう。

男子（複数回答）

女子（複数回答）

　——●—— 体を動かしたり，スポーツをしたりすること
　——■—— 絵を描いたり，ものを作ったりすること
　——△—— 歌をうたったり，楽器を演奏したりすること
　……○…… 音楽に合わせて体を動かしたり，ダンスをしたりすること
　——×—— その他

図　小学生の「好きなこと」

出所：学研教育総合研究所「小学生の日常生活に関する調査」2013年3月調査　https://www.gakken.co.jp/kyouikusouken/whitepaper/201303/chapter04/index.html（2020年8月16日閲覧）。

① 小学生の好きなことについて，どのような傾向がありますか。

② 学年別，男女別の傾向について分析すると，どのようなことがわかりますか。

③ この調査結果をクラブ活動の実施に生かすとすると，どのようなことが考えられますか。

● 導　入 ● ● ● ● ● ● ● ● ● ●

　小学校のクラブ活動は，主として第 4 学年以上の児童が協力し，共通の興味・関心を追求する集団活動です。楽しみながら自分たちでクラブを計画・運営することで，自主性や主体性を育むとともに，異年齢集団としての連帯感や達成感を味わうこともできます。

　本章では2017（平成29）年に告示された小学校学習指導要領の内容を踏まえ，クラブ活動の目標，内容，方法，教員の指導上の留意点などについて把握することを通して，その特質や意義を理解することをねらいとします。とくに，合意形成や意思決定など特別活動全般で求められる資質・能力や，異学年集団の特質を生かした指導のあり方についても理解し，教員としての力量形成に役立てます。

　　　　　　　　　　　　　　　● ● ● ● ● ● ● ● ● ●

1　クラブ活動とその特質

　クラブ活動は，自分が好きなものを選べる活動ですから，児童の人気もあります。たとえば西東京市（2012年）の調査では，学校が「とても楽しい」「まあ楽しい」と回答した小学生は91.3％で，学校の楽しいところとしては「休み時間」が77.4％で一番多く，以下「友だちがいること」が70.7％，「遠足や運動会などの行事」が63.6％と続き，「クラブ活動」は61.2％で 4 番目に多いという結果でした。ちなみに「授業」と回答した小学生は28.1％ですから，これと比べてクラブ活動は児童がいかに楽しいと思っているかがわかります。

　では，このように児童が楽しんで取り組んでいるクラブ活動とはいったい何なのでしょうか。

1　クラブ活動とは

クラブ活動は小学校で 4 年生以上の児童が参加する教育活動です。読者のみ

＊ 1 　西東京市「西東京市小学生意識調査」2012年　https://www.city.nishitokyo.lg.jp/kosodate/
　　　kyoiku/kakusyuresearch/kk26-30_a-h_houkokus.files/a-2_pdf.pdf（2020年 8 月21日確認）。

なさんも経験があるでしょう。複数あるクラブのなかから自分で選んで所属し1年間活動します。なかには自分たちで新しいクラブを創って活動したという経験のある読者もいるのではないでしょうか。サッカークラブ，器楽クラブ，将棋クラブ，長縄クラブ……など，活動内容としてはスポーツや文化的な活動，趣味的な活動などさまざまです。

　なお，以前は中学校・高等学校でも実施されていましたが，現在は実施されていません。その代わり中学校・高等学校には教育課程外の教育活動（したがって本来任意参加）の部活動があります[*2]。クラブ活動は教育課程内の教育活動で4年生以上の児童は全員参加しますので，部活動と対比させて「必修クラブ」と呼ぶこともあります。

2　クラブ活動の特質

　クラブ（club）の語源は棍棒で，人々が一つの棒のようにまとまることから，同好の者が集う場所や組織という意味の言葉として使われています。したがってクラブ活動では，同好の児童が集い，6年生を中心にクラブ員が協力して取り組むことで，連帯感や達成感を味わうようにします。その過程で異学年交流を進め，リーダーシップやフォロワーシップについて学び，企画力や実行力，コミュニケーション能力等を向上させる教育活動です。単なる楽しいだけの活動ではないため，これらの学びを実現するために教員の指導助言が重要になります。

　ちなみにクラブに対して，日本では当て字として「倶楽部」という語が用いられることがあります。「倶」は「ともに」，「楽」は文字通り「楽しい」，「部」は分かれた場所を各々表す語ですから，倶楽部は「ともに楽しむ場所」です。集団で取り組む楽しい活動というのがクラブ活動の特質ということになります。次に，児童が楽しみながら学んでいくためには教員はどうしたらよいかを考えていきましょう。

---

*2　「クラブ活動」「部活動」の流れの詳細については，本書第1章参照。

2　クラブ活動の目標

　小学校学習指導要領には，クラブ活動の目標について以下のように記述されています。[*3]

> 　異年齢の児童同士で協力し，共通の興味・関心を追求する集団活動の計画を立てて運営することに自主的，実践的に取り組むことを通して，個性の伸長を図りながら，第1の目標に掲げる資質・能力を育成することを目指す。

　このうち「第1の目標」とは本書第2章で紹介されている特別活動全体の目標のことで，身につけさせる資質・能力は「人間関係形成」「社会参画」「自己実現」の3点となっていますので，これらについてクラブ活動で培うものを解説しましょう。

1　クラブ活動における人間関係形成

　クラブ活動は共通の興味・関心を追求する集団活動であり，児童が自主的，実践的に計画を立てて運営することが求められます。たとえば年間計画を立てる際には，学級活動の話合い活動と同様にクラブ員がしっかりと意見を出し合い，比べ合い，まとめる作業が必要になります。その際，児童は集団として合意形成をし，決定したことに基づいて各自が意思決定して取り組むということになります。そのため，教員は民主的な合意形成ができるように配慮するとともに，児童が個々の目標を定めて活動に取り組んでいるかどうかを確認する必要があります。

　また，クラブ活動は異学年集団でもあるため，その特質を踏まえ，児童相互の交流を積極的に進めることで，6年生のリーダーシップを育んだり，下級生

＊3　「小学校学習指導要領」第6章「特別活動」第2「各活動・学校行事の目標及び内容」〔クラブ活動〕1「目標」（2017年告示）。

のフォロワーシップを向上させたりする絶好の機会ととらえることが必要です。6年生が最上級生として理想的な児童像を体現することで，下級生は自分たちが6年生になった時のことを想像し，常に目標として取り組むことができます。異学年の集団活動としてのよさを生かして，このような学びを創出させることは児童の人間関係形成能力の向上に役立つとともに，学校生活に活気をもたらすことができるのです。

2　クラブ活動における社会参画

　ここでいう社会とは，クラブという集団（ミニ社会）と一般的な社会の両面を考えるとよいでしょう。前者のミニ社会としてのクラブに参画すること，すなわちクラブの運営に計画段階から関わり，主体的かつ対話的に取り組むことは，集団や社会の形成者としての見方・考え方を働かせることになります。クラブのなかで，個々の児童が一定の役割を担い，集団のなかで個を生かすスキル，他者と協働するスキル等を学び，個性の伸長を図ることを目指すのです。

　後者の一般的な社会への参画は，クラブ活動の成果を一般の人々に役立てること等を通して実現されます。たとえばボランティアクラブが地域貢献活動をすることで地域に関わること，器楽クラブが老人ホームの高齢者を招いて演奏会を開催すること，レクリエーションクラブが地域の保育所の子どもたちと遊びを通して交流すること等です。また，クラブによっては地域から専門家を招いてスキルを学ぶこともあります。運動系，文化系のどちらもあります。たとえばサッカークラブ，茶道クラブ等です。埼玉県のある小学校ではカヌークラブがあり，地域の人々の協力を得て，湖で活動しています。地域の大人との交流は社会性を身に付ける機会にもなり，社会参画の機会ともいえます。

3　クラブ活動における自己実現

　クラブ活動では，児童は自分が選択したクラブに所属しますから，まずは選ばなくてはいけません。児童は自分が興味・関心のあることや得意なことにつ

いて考え吟味することになります。その過程で児童自身の内面的な理解と自己内対話が進みます。さらに活動が始まると，自ら選んだ活動について，仲間とともに課題に取り組んだり，成果を発表したりすることで，自分のやりたかったことが実現できます。まさに自己実現です。さらには，活動中のさまざまな場面で児童相互に活躍を認め合うことで，自己肯定感の向上にも寄与します。

3 クラブ活動の内容

1 クラブ活動の多様な内容

　各学校におけるクラブ活動の種類や設置数については，学校の規模や児童数によって異なっています。たとえば都内のA小学校では校庭球技，陸上，テニス，体育館球技，管楽器の5クラブ，B小学校では球技，体育館運動，科学，ボードゲーム，手芸，ダンス，絵本・イラスト・まんが，造形の8クラブ，C小学校では器械体操，バドミントン・ソフトバレー，卓球，ダンス，まんが・イラスト，パソコン，読書，百人一首，科学，ボールゲーム①②，手芸，昔あそび，音楽，テーブルゲーム，工作，ジャグリングの17クラブが各々活動しています（2017年度）。このように列挙してみますと，児童の興味・関心によって内容は多様であることがわかります。

　小学校学習指導要領には，クラブ活動の内容について以下のように記述されています。[*4]

> 1の資質・能力を育成するため，主として第4学年以上の同好の児童をもって組織するクラブにおいて，次の各活動を通して，それぞれの活動の意義及び活動を行う上で必要となることについて理解し，主体的に考えて実践できるよう指導する。
> (1)　クラブの組織づくりとクラブ活動の計画や運営

＊4　「小学校学習指導要領」第6章「特別活動」第2「各活動・学校行事の目標及び内容」〔クラブ活動〕2「内容」（2017年告示）。

児童が活動計画を立て，役割を分担し，協力して運営に当たること。

(2) クラブを楽しむ活動

異なる学年の児童と協力し，創意工夫を生かしながら共通の興味・関心を追求すること。

(3) クラブの成果の発表

活動の成果について，クラブの成員の発意・発想を生かし，協力して全校の児童や地域の人々に発表すること。

冒頭の「1の資質・能力」とは本章第1節で紹介した「クラブ活動の目標」に記述された内容で，人間関係形成，社会参画，自己実現に関することです。

2 クラブ活動の具体的な内容

①クラブの組織づくりとクラブ活動の計画や運営

クラブ活動は児童がクラブの設置から計画・運営まで参画して実施します。中学・高校の部活動のように，最初から部があってそこに入部するという形式ではなく，一から創り上げることに重点を置いています。したがって，後述しますが，前年度末からクラブ設置のアンケートをするなど準備活動に取り組んでいる学校もあります。

年度当初は，クラブ運営に必要な年間計画を立案し，組織づくり・役割分担をするところから始まります。たとえばクラブ長と副クラブ長，書記の三役や活動班の班長などの役割を決めます。どのような役割が必要なのか考えさせることもあります。社会でいえば組織マネジメントに相当することを児童に体験を通して学んでもらうことになります。児童が主体的に活動に参加・参画することで，自主性・主体性を育成し，企画力や実行力などの実践的な力量形成も図ります。

②クラブを楽しむ活動

クラブ活動は，児童が自分たちの好きなスポーツ活動や文化的な活動を選んで取り組むわけですから，第1節で述べたように，活動を楽しむことが大切です。スポーツ活動ではチームワークを養って協力する場面がありますし，文化

的な活動では同好の趣味や関心を相互に生かして仲間と知識や技能を分かち合う場面があります。連帯感を味わいながら活動を進めることで，楽しさを共有することができます。しかも，普段の学級とは異なる集団での活動，しかも４・５・６年生という異学年交流ですから，学び合いが深まります。６年生がリードし，そのスキルを下級生が学び次に役立てるということが可能だからです。集団の成員間の相互理解を通して，コミュニケーション能力を養ったり，リーダーシップやフォロワーシップに関わる能力を向上させたりすることができる活動というわけです。

③クラブの成果の発表

　クラブ活動の成果は，児童の自己満足として終わるのではなく，全校児童や保護者，地域の人々に発表することで，学びに広がりが出ます。活動したことを協力してまとめる作業を通してさらに連帯感を味わうこと，思考力や判断力を身につけること，活動全体を客観視し自己評価できること，発表することを通してプレゼンテーション能力や表現力を養うことができることなどです。

　発表会を全校児童の前で実施する場合は，他の児童と相互に成果を認め合い称え合う機会にもなり，自己肯定感を育むことも意図できます。また１〜３年生の児童にとっても，いずれ参加する活動のことを知ることができて先輩から学ぶことができます。保護者や地域の人々の前で発表する場合は，児童が大人たちの前で工夫して成果を見せることは励みにもなりますし，学校・家庭・地域の連携にも寄与できます。

　以上の３つがクラブ活動の内容です。

　ここで経済産業省が策定した社会人基礎力（図9-1）を参照してください。社会人基礎力とは「職場や地域社会で多様な人々と仕事をしていくために必要な基礎的な力」のことで３つの能力（12の能力要素）から成ります。①前に踏み出す力（アクション）主体性・働きかけ力・実行力，②考え抜く力（シンキング）課題発見力・計画力・創造力，③チームで働く力（チームワーク）発信力・傾聴力・柔軟性・情況把握力・規律性・ストレスコントロール力になります。これらは社会人として求められる能力ですが，クラブ活動を含めた特別活動で

前に踏み出す力（アクション）	考え抜く力（シンキング）
一歩前に踏み出し，失敗しても粘り強く取り組む力	疑問を持ち，考え抜く力

前に踏み出す力（アクション）

一歩前に踏み出し，失敗しても
粘り強く取り組む力

主体性
物事に進んで取り組む力

働きかけ力
他人に働きかけ巻き込む力

実行力
目的を設定し確実に行動する力

考え抜く力（シンキング）

疑問を持ち，考え抜く力

課題発見力
現状を分析し目的や課題を
明らかにする力

計画力
課題の解決に向けたプロセス
を明らかにし準備する力

創造力
新しい価値を生み出す力

チームで働く力（チームワーク）

多様な人々とともに，目標に向けて協力する力

発信力	自分の意見をわかりやすく伝える力
傾聴力	相手の意見を丁寧に聴く力
柔軟性	意見の違いや立場の違いを理解する力
情況把握力	自分と周囲の人々や物事との関係性を理解する力
規律性	社会のルールや人との約束を守る力
ストレスコントロール力	ストレスの発生源に対応する力

図9-1　「社会人基礎力」とは

出所：経済産業省「社会人基礎力」https://www.meti.go.jp/policy/kisoryoku/（2019年4月15日閲覧）。

得られるものが多いことに気付くことでしょう。[*5]

4　クラブ活動の方法

　クラブ活動の方法（進め方）については，「小学校学習指導要領解説　特別活動編」に示されている「クラブ活動の学習過程（例）」（図9-2）に沿って考えるとわかりやすいです。

　これによると，児童がクラブの設置から考え，主体的に実践していく過程であることがわかります。教員の助言指導のもとで児童が計画から実行，振り返りまでの一連の活動に参画することになります。大人の世界でPDCA（Plan, Do, Check, Action）サイクルといわれる「計画し実行し検証し次に生かす」と

---

*5　なお，経済産業省は2006年に「社会人基礎力」を発表したが，2018年には，前段階として「どう活躍するか（目的）」「何を学ぶか（学び）」「どのように学ぶか（統合）」という3つの視点を追加し「人生100年時代の社会人基礎力」と改定したものを発表した。

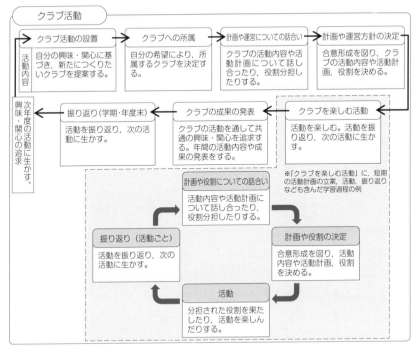

図9-2　クラブ活動の学習過程（例）

出所：文部科学省「小学校学習指導要領解説　特別活動編」2017年，p. 104。

いう順番の段取りを重視しますが，それの児童版といえるでしょう。一連の学習過程で6年生がリーダーシップを発揮し全体をまとめていくこと，話し合い，民主的な合意形成をしながら実践し連帯感や達成感を味わうことが想定されています。

　方法論は具体的な方がわかりやすいでしょうから一つ事例をあげます。神奈川県川崎市のある小学校では，児童の自主的，実践的な態度を育成し，参画意欲を高めるために工夫を凝らしています。まず，前年度の3月に3・4・5年生が集まって，4月からどのようなクラブが必要かを話し合うことから始めます。継続して入りたいクラブがある場合にも提案しなければなりません。つまり，クラブがすでにそこにあって「それに入る」のではなく「自分たちで創る」のです。もちろん新しいクラブを創るという提案も考えられます。ただし，

継続のクラブでも新規のものでも，全員の前でプレゼンテーションを行い，一定数以上の賛同者がいなければ設置されないというルールになっていますから真剣になります。工夫して仲間を募りますので，主体性が育まれます。もちろん創るだけでなく，クラブの運営も児童の手に委ねられます。4月になって6年生を中心に年間計画も自分たちで立てます。話し合って，決めて，実行します。命令されて動くのではありませんから，思考力・判断力・表現力が身に付きます。何か問題や課題が生じた時には，クラブ員で話し合って，解決策を考え，対応します。その過程で問題解決能力や人間関係形成能力も育まれます。まさに主体的・対話的で深い学びになっているのです。

このように，クラブ活動で身につける資質・能力は，社会に出てからも確実に必要なスキルです。

なお，クラブ活動の年間時数については，小学校学習指導要領の総則に「年間，学期ごと，月ごとなどに適切な授業時数を充てるものとする」と記述されています[*6]。これによると，クラブ活動の年間活動時間数は各学校において定めることになります。年間，学期ごと，月ごととありますから，バランスのよい配置が必要になります。隔週で実施すれば年間で18～20回程度です。この回数に上記の学習過程をどのように割り当てるのかについては，各クラブの担当教員が考えるのはもちろんですが，年度当初に年間活動計画を立てる際に児童にも考えさせることが肝要です。児童の「見通しをもって取り組む能力」を向上させることができるからです。この見通しをもって取り組む能力は，教科の学習活動を含めて，学校教育におけるさまざまな学習活動で活用できる汎用的な能力ですから，重視する必要があります。

5 クラブ活動の指導上の留意点

小学校学習指導要領には，指導計画の作成と内容の取り扱いについて以下のように記述されています[*7]（クラブ活動にとくに関係する部分のみ抜粋）。

＊6　「小学校学習指導要領」第1章「総則」第2「教育課程の編成」3「教育課程の編成における共通的事項」(2)「授業時数等の取扱い」のイ（2017年告示）。

> 　児童の主体的・対話的で深い学びの実現を図るようにすること。その際，より
> よい人間関係の形成，よりよい集団生活の構築や社会への参画及び自己実現に資
> するよう（中略）様々な集団活動に自主的，実践的に取り組むなかで，互いのよ
> さや個性，多様な考えを認め合い，等しく合意形成に関わり役割を担うようにす
> ることを重視すること。

　このことを踏まえ，クラブ活動の指導では常に児童相互に認め合える関係性
が構築できるように配慮し，たとえば各回の振り返りの時間には，個々の児童
の活躍を相互に賞賛し合うなどの活動を設定することも有効です。また，計画
立案や活動内容決定の際には学級活動と同様，話合い活動を重視し合意形成の
過程をじっくり児童に体験させることも重要です。その際，一部の児童だけで
決めてしまうことがないようにします。あくまでも集団における民主的な合意
形成を目指すのです。このような配慮をすることで，児童の人間関係形成，社
会参画，自己実現がクラブ活動を通して可能となります。
　さらに，小学校学習指導要領には以下のような記述もあります。[*8]

> 　教師の適切な指導の下に，児童の自発的，自治的な活動が効果的に展開される
> ようにすること。その際，よりよい生活を築くために自分たちできまりをつくっ
> て守る活動などを充実するよう工夫すること。

　このことを踏まえ，クラブ活動の指導では，児童が自発的，自治的に活動で
きるように，基本的には6年生のクラブ長等に任せて見守ることが求められま
す。とはいえすべてを任せるのではなく，要所では担当教員が助言指導しなが
ら，適切なクラブ運営ができるように導きます。また，児童が自分たちで活動
のルールを決めて守る取り組みを通して，自治的な活動をより効果的なものと
し，主体性を育むように配慮するのです。

＊7　「小学校学習指導要領」第6章「特別活動」第3「指導計画の作成と内容の取扱い」1の(1)
　　（2017年告示）。
＊8　「小学校学習指導要領」第6章「特別活動」第3「指針計画の作成と内容の取扱い」2の(1)
　　（2017年告示）。

まとめ ··············

　クラブ活動は，4年生以上の児童が自分たちでクラブを設置し，自治的に集団活動を運営することで，主体性を育み，自主的・実践的な態度を養う教育活動です。2017年に告示された学習指導要領ではクラブ活動を含めた特別活動において人間関係形成・社会参画・自己実現の3つの資質・能力を育成することになりました。とくにクラブ活動では，異学年交流による主体的・対話的で深い学びを通して，児童が連帯感や達成感を味わうこともできます。活動内容は「クラブの組織づくりとクラブ活動の計画や運営」「クラブを楽しむ活動」「クラブの成果の発表」の3つで，これらの活動を通してリーダーシップやフォロワーシップを学び，見通しをもって取り組む能力を向上させることも重要です。

··············

　📖　**さらに学びたい人のために**

○長沼豊ほか『特別活動の理論と実践［第2版］——生徒指導の機能を生かす』電気書院，2020年。

　　学生および初任者研修用の教科書で，課題を書き込むスペースも用意されています。指導実践論ではディベートや構成的グループエンカウンター，ボランティア活動，自然体験活動など特別活動で行う実践についての解説もあります。

○長沼豊（編著）『部活動改革2.0——文化部活動のあり方を問う』中村堂，2018年。

　　自主性・自発性をキーワードにした部活動（とくに文化部）のあり方が多角的に論じられており，クラブ活動における自主・自治を考察する際の参考になります。クラブ活動の知見を部活動改革に生かす視点も書かれています。

第 10 章

クラブ活動の実践

● ● ● 学びのポイント ● ● ●

・クラブの組織づくりの方法を理解する。
・クラブ活動の活動計画の立て方を理解する。
・各クラブ活動の具体的な実践方法を理解する。

WORK クラブ活動を立ち上げる

1. あなたが小学生の時のクラブについて思い出してみましょう。

　① どんなクラブがありましたか。

　　(　　　　　　　　　　　　　　　　　　　　　　　　　　　　　　)

　② 希望通りのクラブに所属することができましたか。また，どのように所属するクラブを決定していましたか。

　　(　　　　　　　　　　　　　　　　　　　　　　　　　　　　　　)

　③ 周囲の人とグループになって，①②の共通点や違いについて話し合ってみましょう。

　　(　　　　　　　　　　　　　　　　　　　　　　　　　　　　　　)

2. あなたが教師としてクラブ活動の担当者になった場合を考えましょう。どのようにして来年度のクラブ活動を立ち上げていきますか。

　　(　　　　　　　　　　　　　　　　　　　　　　　　　　　　　　)

● 導　入 ● ● ● ● ● ● ● ● ●

　本章では，クラブの立ち上げ方と具体的な実践事例を通した運営方法の 2 つを学んでいきます。小学校学習指導要領には，「児童が活動計画を立て，役割を分担し，協力して運営に当たること」と記述されています。ここで重要なのは，クラブ活動は，児童が自主的・実践的に取り組むものだということです。そのため，クラブ活動の立ち上げ方も，クラブの運営も教師が決めるといった一方的なものであってはいけません。

● ● ● ● ● ● ● ● ●

1　クラブの立ち上げから実践・振り返り・まとめまで

　ここで，クラブ活動に取り組む際のことについて考えてみましょう。みなさんがクラブ担当となり，来年度のクラブを立ち上げることになったとします。具体的にどのようにして来年度のクラブを立ち上げていけばよいでしょうか。以下に，流れを追って見ていきましょう。

1　発起人の募集

　クラブ活動が自主的・実践的な活動であることを踏まえると，立ち上げるクラブを教師が一方的に決定するのはよくありません。児童が自主的にクラブを立ち上げられるようにするために，まずは「新しいクラブを作りたい」「昨年もあったこのクラブに入りたい」という児童の声に耳を傾け，発起人としてクラブを立ち上げていけるよう仕組みを整えていくことが必要になります。

2　発起人会議

　クラブの発起人を募ると，同じクラブや，似たような活動のクラブ，実現不可能なクラブの発起人が出てくることが考えられます。たとえばサッカークラ

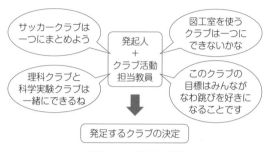

図10‐1　発起人会議

ブの発起人が複数出てくることや，料理クラブとお菓子クラブといった似た活動のクラブの発起人，釣りクラブ等の地域によっては実現できないクラブの発起人が出てくることが予想されます。

　そこで，図10‐1のような発起人会議を行い，統合できるクラブや実現不可能なクラブを整理する必要が出てきます。また，児童が希望していても担当の教員の数や施設の都合で立ち上げることができないクラブがありますので，この会議にはクラブ活動担当教員が加わり，適切なアドバイスを行う必要があります。

　発起人会議では，単に担当教員の人数や施設の問題で発足できるクラブを決定するのではなく，クラブ活動の目標や活動内容を話し合わせることが大事です。そのうえで，児童の希望が生かされ，集団での決定ができるように担当教員はサポートをしていきます。もし，一度の会議で発足するクラブが決定しなければ，何度か発起人会議を行う必要があります。

　また，この時に，それぞれのクラブに所属できる人数を決定しておくことが重要です。たとえば，図工クラブが発足することになり，その活動を図工室で行う場合，活動できる人数は図工室のキャパシティに影響されます。加えて，全員がクラブに所属できるよう，各クラブの所属可能人数の合計が学校の4年生以上の人数と同じになっているか，確認しておきましょう。

　さらに，一つのクラブに所属可能人数を超えた希望があった場合，どのように調整していくのかルールを明確化していくことが必要です。このルールの明

確化を事前に行っておかないとトラブルが起こる可能性があります。

3　所属の調整

　クラブの所属を調整する方法は一つではありません。たとえば，ホワイトボードに発足したクラブの名前を表示しておき，児童が自分の名前が書いてある名札を入りたいクラブのところに貼っていくという方法があります。また，調整集会を開いて，その場で人数調整を行って所属するクラブを決定していくという方法もあります。いずれも児童が自主的に調整をするという点では好ましい方法といえます。しかし，前者の方法は他者がどのクラブを希望しているかわかるために，入りたいクラブではなく人間関係でクラブを選択してしまう問題や，後者の方法では時間内に収まらなかった時に調整集会を何度か行う必要が出てしまうといった問題が起こることがあります。

　そのため，各学校の児童の実態や教育計画に沿った方法で調整していくことが求められます。所属クラブの決定を児童の自主的な活動で行えるようにすることが望ましいですが，大切なのは児童が納得できるような調整方法であることです。

　また，小学校学習指導要領におけるクラブ活動の「目標」には，「異年齢の児童同士で協力し，共通の趣味・関心を追求する集団活動の計画を立てて運営することに自主的，実践的に取り組むことを通して，個性の伸長を図りながら，第 1 の目標に掲げる資質・能力を育成することを目指す」という記述があります[1]。この目標には，「クラブ活動は異年齢の児童同士で協力し」とありますので，4 年生から 6 年生まで各学年の児童が所属し，異年齢の児童同士で協力して活動できるようにすることが大切です。そのため，調整を行う際に高学年を優先するとしても，各学年の児童が必ず入ることができる枠を設定しておく必要があります。

---

[1]　「小学校学習指導要領」第 6 章「特別活動」の第 2 「各活動・学校行事の目標及び内容」〔クラブ活動〕の 1 「目標」（2017年告示）。

クラブ活動希望調査	年 組 名前	
希望するクラブ		
第1希望		クラブ
第2希望		クラブ
第3希望		クラブ
※第1希望のクラブに入れるとは限りません。		

図10‐2　クラブ希望調査用紙

出所：筆者作成。

4　クラブ希望調査用紙による調整方法

　ここでは，希望調査用紙による方法を紹介します。これもいくつかある方法のうちの一つであり，最もよい方法というわけではありませんが，比較的多くの学校で取り入れられています。これにとらわれることなく，学校の実態に応じて適切な方法を選択することが大切であることを念頭においてください。

　発足するクラブが決定したら，図10‐2のようなクラブ希望調査用紙を作成します。人気のあるクラブやそうでないクラブが出てくることが考えられるため，第1希望から第3希望までは調査する必要があります。希望欄をいくつ設けるかは各学校の実態に合わせるとよいでしょう。また，必ずしも第1希望のクラブに入れるとは限らないことや，所属可能人数を知らせることが必要です。

　また，あらかじめ発足するクラブ名を記しておき，第1希望に①，第2希望に②，第3希望に③といったように，番号を記入する方法もあります。

5　クラブ発足と所属決定

　クラブ希望調査用紙が作成できたら，いよいよ所属するクラブの決定です。ここでは，入りたいクラブを主体的に選ぼうとしたり，自分の趣味や関心を考えて入りたいクラブを決定したりすることが大切です。決定する際に，「仲のよい友だちと一緒だったらどこでもよい」と思い，本当に自分が入りたいクラブとは違うクラブを選択する児童がいることが考えられます。そのような場合，

教師は，「本当に自分が行いたい活動は何か」を児童に問う必要が出てくるかもしれません。

　クラブ希望調査用紙を回収したら，集計と調整をしていきます。第 1 希望の児童数が所属可能人数内に収まっている場合は，その児童の所属は決定します。第 1 希望の児童数が所属可能人数を超過している場合は，調整をしていくことになりますが，事前に決めたルールで行っていきます。

　たとえば，あるクラブを第 1 希望にした 6 年生の人数が超過していた場合，所属可能人数内に収まるように調整する必要があります。この時に，調整の基準の一つになるのが前年度の所属クラブと希望調査です。調整対象になった児童が 5 年生の時にどんなクラブに所属していたか，またそのクラブは第 1 希望だったのかそうでなかったのか等を考慮することが大切です。毎年調整を行っているクラブに希望通り所属できる児童と，ずっと第 1 希望のクラブに所属できない児童がいたら不公平になります。そのため，児童が記入したクラブ希望調査用紙はクラブ活動担当者が保管しておき，次年度の調整の際に参考にできるようにしておくとよいでしょう。

■6　活動スタート

　所属クラブが決定したら，いよいよクラブ活動が始まります。児童はとても楽しみにしていることでしょう。活動の具体例は後述しますが，スタートにあたっては，「仲間と仲よく活動できる」「クラブの目標をもとに，協力して活動できる」「それぞれの役割を明らかにする」「異年齢の小集団で，協力しながら活動できる」といったことを大切にしてください。

■7　活動の振り返りと見直し

　クラブ活動は児童の自主的・主体的な活動ですから，途中での振り返りと見直しは必要です。もしも，担当教員が主体的に進めるような活動になってしまっていた場合，児童による振り返りと見直しは成立しません。小学校学習指導

図10‐3　クラブ活動の年間サイクル

出所：筆者作成。

要領にあるように「児童が活動計画を立て，役割を分担し，協力して運営に当たること[*2]」が具現化されていれば，振り返りと見直しは有意義なものになるはずです。

8　クラブ発表

　クラブ発表は活動の成果を発表する場であり，互いの努力や成長を認め合う場でもあります。クラブ発表の形態は，活動内容によって大きく違ってきますが，発表することが目的にならないように注意しましょう。たとえば，演劇クラブやダンスクラブでしたら，クラブ発表の時に練習した成果を全校児童に披露することができますが，料理クラブや工作クラブなどはその場で活動そのものを披露することは難しくなります。そのため，全校児童の前で披露する，作品を展示する，日頃の活動をパネルなどで掲示するなど，それぞれのクラブにおいて適切な発表方法を考えさせていくことが大切です。

9　クラブ活動のサイクル

　このような一連のクラブ活動の流れをまとめると図10‐3のようになります。第2節では実践例に沿って見ていきましょう。

＊2　「小学校学習指導要領」第6章「特別活動」第2「各活動・学校行事の目標及び内容」の〔クラブ活動〕の2「内容」の(1)（2017年告示）。

2 「爆笑！お笑いクラブ」の実践

　本節では，児童の希望によって設立された，「爆笑！お笑いクラブ」（以下，お笑いクラブ）の事例をもとに，クラブ活動の実践について見ていきましょう。^{＊3}

1 クラブ活動の組織づくりと計画や運営

　T君，I君，N君という３人の５年生がいました。３人は，これまでにない，「お笑い」をテーマにしたクラブを作りたいと考えました。そして，学校で決められているクラブ発起の仕組みに沿って，図10‐4のような活動計画書を作り，お笑いクラブを発起しようと動き始めました。

　筆者の勤務していた学校では，第１節に示したような発起の仕組みをとっています。こうした活動計画書をもとに，発起人会議やPR活動を経て，最終的な希望調査では，異年齢かつ男女にまたがる希望者を集めることができました。こうして，お笑いクラブは新年度に新設されることが決まりました。

　一安心した３人ですが，次はクラブ活動の計画と運営が待っています。基本は３人が中心となり，作った計画表をもとに，クラブのメンバーと話し合ったり，担当教員と相談をしたりして，クラブを運営していきます。

　ところで，クラブの担当教員は，そのクラブの内容について素人である方がよい場合が多いです。たとえば，卓球が得意な教員が卓球クラブの担当になると，自らが先頭に立って教えたくなってしまうでしょう。これは，クラブ活動が自発的，自治的な活動であるという特質から外れてしまいます。むしろ卓球が苦手な教員が担当になり，児童から卓球については教えてもらうくらいの方が，自分たちで運営しようという気持ちが高まります。教員は運営を児童に任せる一方で，運営する手助けをしたり，計画が不十分なときに指導をしたり，児童間のもめ事を解決したり，うまくいったことを称賛したりして，適切な指

＊3　本事例は，使用について本人・保護者より承諾をいただいている。

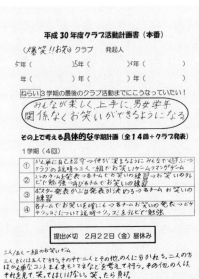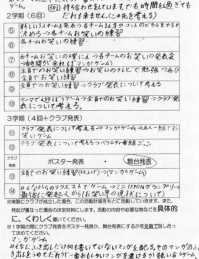

図10‐4　クラブ発起用活動計画書

出所：筆者撮影。

導のもとに活動を展開できるようにすることが，クラブ活動の指導においては非常に重要です。

　さて，児童の活動計画によると，お笑いクラブのめあては「みんなが楽しく，上手に，男女学年関係なくお笑いができるようになる」となっています。また，2月に行われるクラブ発表集会に向けて，全校の前で発表するというのも，大きな目標です。発起人の3人は，発起の際に作成した図10‐4の活動計画書をもとに，毎回の活動の計画を立て，担当教員のところに持ってきます。

　この事前の担当教員との打ち合わせが非常に重要です。クラブ活動の時間を児童に任せるためには，事前の打ち合わせで児童に本時の活動のシミュレーションをさせ，不十分な点を指摘し，考えさせておく必要があります。実は，この3人も，事前の打ち合わせに一度来なかったことがあり，その結果，クラブ活動の時間がうまく進められないということがありました。この失敗の経験を取り上げて指導を行うことで，事前の準備の重要性を学び，次からは必ず打ち

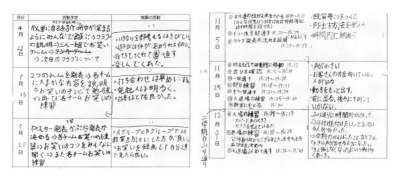

図10-5　児童が作った毎回の活動計画

注：左が1学期，右が2学期。
出所：筆者撮影。

合わせに来るとともに，計画も詳しく立てるようになりました。

　それでは，実際に児童が立てた計画を見てみましょう（図10-5）。はじめのうちは，大まかな内容しか書かれていません。もう少し細かく立てさせたい気持ちもありますが，最初はこのくらいで構いません。しかし，計画があやふやなままにクラブを運営し，なおかつ先に述べたように打ち合わせに来なかったことにより，クラブがうまく進まない時がきました。ここがチャンスです。なぜうまくいかなかったのかを考えさせ，児童が出してきた案をともにシミュレーションしたり，反論をしたりして，計画を深めさせる指導が最も児童に響く時です。

　その結果，徐々に改善を試みるようになり，図10-5の右側のように，時間配分を考えたり，具体的な練習の視点を明記したりと，詳しく書くようになりました。この3人は自分たちでよく考え，詳しく書けるようになりましたが，もし児童が自分では思い付けない様子であれば，詳しくするための視点を助言したり，よい例を見せたりして，情報提供をするのも，教師の重要な役割です。

　そのような学びを経て，3人は自信をもってクラブを計画し，運営できるようになりました。また，全員がクラブの計画と運営に参画できるよう，クラブを進行する役割を輪番制で行ったり，活動内容を全員で考えたりする活動も取り入れていくことで，より児童の自主性・主体性が高まります（図10-6）。

図10‐6　児童がクラブを運営する様子

出所：筆者撮影。

2 クラブを楽しむ活動

　第9章にもあるように，クラブは活動自体を楽しむことが大切です。発起人の3人は，一貫してどのようにお笑いを通して自分たちもみんなも楽しめるかを考えていました。

　はじめは，3人組を作って即興でコントを考える，という活動を考えました。しかし，当然難しく，振り返りで下級生からの指摘を受け，素直に反省しました。そして，次回までにはオリジナルの台本を作ってきて，まずは台本のあるコントを，自分たちが実際にやってみるという方向に変えました。しかも，客観的に見られるよう台本はAとBの2つを用意し，AチームとBチームが別々に練習し，見合えるような仕組みを考えました。図10‐7が，その台本のうちの一つです。また，大喜利やゲーム，お笑いのDVDを見て，プロのお笑いの面白さを研究する活動も取り入れました。

　このような発起人の努力があり，次第に笑顔が増え，クラブを楽しみにしてくれる下級生も増えてきました。しかし，まだなかなか馴染めない児童もおり，1学期の振り返り用紙には，下級生のS君くんにネガティブな言葉を書かれてしまいました。3人はショックを受けましたが，真摯に受け止めて，活動の改善につなげていきました。

　このS君の言葉の要点は，「お笑いをもっとちゃんとやりたい」でした。つ

図10-7　Ａグループの　図10-8　クラブ発表集　図10-9　ワークシート
　　　　台本　　　　　　　会用台本　　　　　　集
出所：筆者撮影。　　　　　出所：筆者撮影。　　　　　出所：筆者撮影。

まり，発起人が下級生に楽しんでもらおうと考えたさまざまな活動を喜ぶ下級生がいる一方で，めあてにある「お笑いができるようになる」を目指していた児童が不満を感じていたようです。そこで，2学期はクラブ発表集会に向けて，図10-8のような新しい台本を作って，全員でのコントを中心に練習をしました。また，より面白いお笑いができるよう，図10-9のオリジナルのワークシートを作るという工夫も試しました。この結果，児童の視点が，「自分たちが楽しむ」から，「見てくれた人を楽しませる」というように変化していきました。ここに，「クラブを楽しむ活動」の深まりが見られます。ただわいわい楽しもうという段階から，お笑いを作り上げる過程を通して，仲間と知識や技能を分かち合い，連帯感や達成感を味わうことが目的になっています。この深まりの背景には，発起人が失敗をしながらも，毎回よりよいクラブ活動になるように計画を立てたという努力があると考えられます。また，自分たちが発起人だから偉いという意識ではなく，自分たちに否定的な意見にも耳を傾け，謙虚に活動を進める姿勢も大切です。この努力する姿を見た同級生や下級生は，自分たちも頑張ろうという気持ちになります。異年齢という集団のなかで，リーダーシップやフォロワーシップが形成されていきます。

　教師は，クラブを楽しむ活動という言葉の意味を，自分の担当するクラブに合わせてイメージをもつ必要があります。言い換えれば，異年齢で活動するク

ラブ活動ならではの望ましい姿を考えるということです。そして，発起人や上級生が模範となるよう，クラブの時間の前後の打ち合わせや振り返りで，活動をイメージさせながら指導します。そのうえで，活動の間は，人権上の問題や生活指導上の問題が起きない限りはできるだけ任せ，頑張りを認めるようにします。児童の安全管理ができる範囲で，教師自身が一員となって，活動に参加するのも一つの手でしょう。このような積み重ねが，クラブを自発的，自治的に楽しむためにはとても重要になってきます。

3 クラブの成果の発表

　さて，2学期からクラブ発表集会に向けて，練習を重ねてきたお笑いクラブのメンバーです。1学期の終わりにはネガティブな発言をしていたS君も，楽しんで活動に参加していました。クラブ発表集会は，2月の上旬に体育館において全校児童の前で行います。

　クラブ発表に向けての練習は，基本は教室で行いましたが，体育館で行うこともありました。この際も，発起人は体育館の舞台を使うために，体育館で行っているバドミントンクラブの担当教師と発起人に，自発的に交渉に行きました。目的が明確になることで，自ら動こうとする実行力も身に付いてきました。

　発表練習においては，担当教師は計時とコメントを頼まれました。ここで，クラブ発表集会の出入りの経路や発表順など，教師しか知らない情報は，しっかりと伝えます。通し練習の後に求められるコメントでは，正直によかったところと課題を伝えます。やる気になっている児童が相手だと，課題を伝えてもすぐに改善するので，また褒めることができ，ポジティブなサイクルが回ります。クラブ発表集会前の最後のクラブでは，児童が自分たちで円陣を組んで，やる気を高めていました。

　もうここまで児童がやる気になっていたら，当日は結果がどうであろうとあまり関係はありませんが，もちろん本番は大成功でした。「爆笑！お笑いクラブ」の名に恥じず，全校児童を爆笑させることができ，素晴らしい達成感を感じることができたようです。

まとめ

　クラブ活動は，「児童が活動計画を立て，役割を分担し，協力して運営に当たること」が大切です。教師はあくまでもサポート役であり，運営の手助けやアドバイスに徹することが求められます。また，活動に際しても，常に主体は児童であることを踏まえ，教師がリードし過ぎないように注意する必要があります。また，クラブ活動は単年度で終結するものではなく，年度をまたいだ活動といえます。発起人募集は前年度の活動をもとに行われますし，活動の終わりには翌年度からクラブに参加する 3 年生のためのクラブ見学があります。つまり，クラブ活動は終わりのないサイクルによって成り立っているのです。そのことを踏まえ，児童が主体的に関わることができるクラブ活動にしてください。

 さらに学びたい人のために

○清水弘美『小学校「特別活動」の年間指導モデル』学事出版，2018年。
　　クラブ活動についてはもちろん，特別活動で押さえるべきポイントがとても端的にまとめられています。親しみやすい文体で読みやすく，現場に役立つ考え方や実践が詰まっています。

○河村茂雄（編著）『特別活動の理論と実際——よりよい集団活動を通して「人間関係形成」「社会参画」「自己実現」の力を育む』図書文化社，2018年。
　　クラブ活動の学習指導要領における位置づけの変遷や，部活動との違い，指導計画作成の考え方など，理論的な部分も合わせて示されている書籍です。荒れの見られるクラブ活動への対応についても説明されています。

○杉田洋（監修）福岡県小学校特別活動研究会（編著）『特別活動で子どもが変わる！——新しい評価と指導のモデル集』小学館，2011年。
　　クラブ活動の計画と運営，楽しむ活動，成果の発表のすべてについて，活動を事前・本時・事後に分けて，イラスト入りで詳しく述べられています。具体例が用いられているので，イメージをもちやすい書籍です。

第11章

学校行事の特質

・・・　●　●　学びのポイント　●　●　・・・

- 特別活動における学校行事の位置づけや，学校行事成立の歴史的経緯について
  その概要を説明することができる。
- 学校行事の特質とその教育的意義について，集団性，非日常性，総合性，実
  践性の観点から説明することができる。
- 学校行事の指導に当たってのポイントおよびその理由について説明すること
  ができる。

WORK 学校行事を思い起こしてみよう

A　　　　　　　　　　　　　B

　写真Aは中学校の合唱コンクールの様子，写真Bは高等学校の体育祭の様子です。写真A・Bを参考に，小・中・高等学校時代にあなたが経験した学校行事を思い起こし，以下の問いに答えてみましょう。

①　一番心に残っているのは，いつ頃の，どのような学校行事ですか？
　　時期：（　　　　）学校　の　（　　　　）年生頃
　　学校行事名：（　　　　　　　　　　　　　　　　　）

②　①の学校行事が，今でも心に残っているのはなぜだと思いますか？
　　理由：
　（　　　　　　　　　　　　　　　　　　　　　　　　　　　　　）

③　将来教師になったら，子どもたちにとっていつまでも心に残る学校行事にするために，どのような働きかけを大切にしたいと思いますか？
　　校種と学校行事を設定し，働きかけのポイントを考えてみましょう。
　　設定した校種：（　　　）学校　　　学校行事名：（　　　　　　　）
　（　働きかけのポイント：　　　　　　　　　　　　　　　　　　　　　）

● 導　入 ● ● ● ● ● ● ● ●

　学校行事は，全校または学年という大きな集団を単位とし，日常の学習の成果の
総合的な発展を図るとともに，学校生活に秩序と変化を与える体験的な活動である
点に特色があります。こうした学校行事は，学校が計画し実施するものですが，集
団への所属感や連帯感を深め，公共の精神を養うためには，児童生徒の自主的な活
動を助長したり，「社会に開かれた教育課程」の観点から家庭や地域の人々との連
携を図ったりすることを大切にすることが必要です。

　本章では，こうした学校行事の特質と充実方策について，多面的・多角的に考察
していきます。

● ● ● ● ● ● ● ● ● ●

1 教育課程の一環としての学校行事

　みなさんの WORK の結果はどうだったでしょうか。本節で示す学校行事に
対する児童生徒の意識と比べてみましょう。また，学校教育の中で，学校行事
がどのような経緯で行われるようになったのか概観してみましょう。

1 絆を深め主体性を育む学校行事

　学校行事は，特別活動の内容の一つとして教育課程に位置づけられ，小・
中・高等学校のすべての学年で授業として実施されています。

　大学生に高等学校までの授業のなかで最も心に残っているものを尋ねると，
多くの学生が，合唱コンクールや運動会，修学旅行などの学校行事をあげます。
その理由を聞くと，「仲間とともに達成感を味わうことができたから」「友だち
に対する理解が深まり，仲間との絆が深まったから」「苦しい場面でもみんな
で助け合えば乗り越えることができるという経験ができたから」など，仲間と
の関係性をあげる声が多く，多様な他者との関わりが多い学校行事が，絆づく
りを進めていくうえで大きな役割を果たしていることがわかります。

　表11-1は，日本特別活動学会が，2012（平成24）年に学会員を主な対象に

表11-1　特別活動への参加意欲

(%)

	学級・ホームルーム活動	児童会・生徒会活動	クラブ活動	学校行事
小学校	94.8	90.8	98.3	98.3
中学校	71.4	82.9		100.0
高等学校	53.5	46.4		92.9

注：「児童生徒は意欲をもって参加しているか」の肯定的回答の割合。
出所：日本特別活動学会研究開発委員会（編）『特別活動の改善に関する調査報告書——調査結果に基づく提言』2014年より筆者作成。

行った調査のうち，特別活動の各内容における児童生徒の参加意欲に関する結果を一覧にしたものです。これを見ると，すべての校種において，学校行事の割合が最も高くなっていること，なかでも中学校や高等学校では，他の内容と比べ顕著に意欲的な展開がなされていることがわかります。こうしたことから，自主的，実践的な態度の育成を主なねらいの一つとする特別活動において，学校行事が果たす役割は大きいものがあることがわかります。

2　学校行事の歴史

　前項で見たように，今日の教育課程において，学校行事が果たす役割は大きなものがあると考えられます。本項では，こうした学校行事の近代教育における歴史的な側面について概観してみたいと思います。

　2017，2018（平成29，30）年告示の学習指導要領において，学校行事は5つの内容（①儀式的行事，②文化的行事，③健康安全・体育的行事，④遠足（旅行）・集団宿泊的行事，⑤勤労生産・奉仕的行事）で構成されています。これらのうち，①儀式的行事は，1891（明治24）年に「小学校祝日大祭日儀式規程」が制定されたことに伴い，明治時代の中期には全国の学校において，定められた形式と内容で行われるようになりました。また，今日の②文化的行事に含まれる学芸会や，③健康安全・体育的行事に含まれる運動会は，学校教育の成果を地域社会に公開する場としての役割も担いながら，明治時代の後期にはどの学校でも実施されるくらいに普及し，保護者や地域の人々が楽しみに待つ行事となってい

ました。さらに，今日の④遠足（旅行）・集団宿泊的行事に含まれ，わが国独自の学校行事といわれる遠足や修学旅行は，明治時代の中期に法令のなかに位置づけられたことなどにより急速に普及しました。最後に，⑤勤労生産・奉仕的行事に関するものとして，大正時代の頃から農村部でさかんに行われていた農業に関する作業を中心とした勤労奉仕作業をあげることができます。

このように，学校行事は戦前から広く行われていましたが，国家主義的・軍国主義的な傾向が強いものが多く，今日のものとは質的に大きく異なる面があったほか，課外活動という正規の授業以外の教育活動としての位置づけでした。しかし，学校行事は，社会生活を営むために必要な資質を備えた子どもを育てるうえで大きな意義をもつ教育活動であったことから，先に見たように，わが国で近代教育が始まった明治時代の中期には一般的に実施されるようになっており，特別活動のなかでは最も古い歴史をもっています。

戦後，教科の教育を中心とする教育観から，社会生活を営むために必要な資質を備えた全人教育を目指す教育観へと変わるなかで，小・中学校では1958（昭和33）年の学習指導要領改訂において，学校行事がもつ教育的意義が認められ，「各教科」「道徳」「特別教育活動」とともに「学校行事等」という領域が教育課程に位置づけられました。高等学校では，1960（昭和35）年の改訂で「特別教育活動」とともに「学校行事等」が教育課程に位置づけられています。その後，多様な活動が含まれていた「学校行事等」が整理され，小・中学校では1968，1969（昭和43，44）年の学習指導要領改訂において，人間形成のうえで重要な意義をもつ教育諸活動で構成された「特別活動」の内容の一つとして学校行事が位置づけられ，現在に至っています。高等学校では，1970（昭和45）年改訂時には「各教科以外の教育活動」の内容の一つとして位置づけられた後，1978（昭和53）年改訂時に，「各教科以外の教育活動」から「特別活動」へ名称が変更され現在に至っています。

2　学校行事の目標と内容にみる特質

本節では，2017，2018（平成29，30）年に告示された学習指導要領に示され

表11-2 「学習指導要領」における学校行事の目標

2017, 2018（平成29, 30）年告示	2008, 2009（平成20, 21）年告示
全校又は学年の児童（生徒）で協力し、よりよい学校生活を築くための体験的な活動を通して、集団への所属感や連帯感を深め、公共の精神を養いながら、第1の目標〔特別活動の全体の目標〕に掲げる資質・能力を育成することを目指す。	学校行事を通して、望ましい人間関係を形成し、集団への所属感や連帯感を深め、公共の精神を養い、協力してよりよい学校生活を築こうとする自主的、実践的な態度を育てる。

注：下線および〔　〕は筆者加筆。児童は小学校、生徒は中学校・高等学校。
出所：「学習指導要領」（2017, 2018年告示）より筆者作成。

た学校行事の目標と内容を取り上げ、特別活動における学校行事の特質について考えてみましょう。

1　学校行事の目標

　まず最初に、学校行事の目標をもとに、その特質を見ていくこととします。

　2008, 2009（平成20, 21）年に行われた前回の学習指導要領改訂時から、特別活動の各活動・学校行事について、それぞれ目標が示され、特別活動の全体の目標を受けて内容ごとに育成すべき資質・能力が明示されました。内容ごとに示された目標を見ると、それぞれの活動や学校行事の特質をうかがうことができます。

　表11-2は、新旧の学習指導要領に示された学校行事の目標です。これを見ると、2017, 2018（平成29, 30）年告示の学習指導要領では、学校行事を通して最終的には特別活動の全体の目標に迫るものの、学校行事で意図的・計画的に育む資質・能力として、前回と同様に「集団への所属感や連帯感」を深めることや「公共の精神」を養うことが示されています。学校行事は、全校または学年といった非常に規模の大きな集団で展開される集団活動である点が一つの特質です。こうした特質を生かし、「集団への所属感や連帯感」や「公共の精神」を育む点に学校行事の教育的意義があるといえます。

　なお、規模の大きな集団として、これまでは全校児童生徒による集団や、学年単位での集団を想定することが一般的であったと思われますが、今回改訂さ

れた中学校および高等学校の「学習指導要領解説　特別活動編」を見ると，大きな集団の例として，「異学年で構成される集団」が新たに示されています。近年の運動会（体育祭）などでは，校種にかかわらず縦割りのグループでの活動が多く展開されており，こうした動向への対応がうかがえます。

　また，今回改訂された学習指導要領の学校行事の目標では，学校行事のことを「よりよい学校生活を築くための体験的な活動」として示しています。さらに，学校行事の内容のなかで示された前文には，「学校生活に秩序と変化を与え，学校生活の充実と発展に資する体験的な活動」と示されています。ここから，学校行事は，ややもすると平板になりがちな学校生活に秩序と変化を与える非日常的な活動である点に特質があることが読み取れます。また，学校行事の場で日常の学習成果を総合的に発揮することが，学校生活の充実と発展に資することに深く関わることから，日常の学習成果を総合的に発揮する実践活動であるという点も大切にしたい特質であると考えます。

２　学校行事の内容

　次に，学校行事の内容に焦点を当て，その特質を見ていくこととします。

　2017，2018（平成29，30）年告示の学習指導要領では，学校行事の内容として，①儀式的行事，②文化的行事，③健康安全・体育的行事，④遠足（旅行）・集団宿泊的行事，⑤勤労生産・奉仕的行事の５種類が示されています。そして，これら５種類の行事は，小・中・高等学校で共通したものとなっています。

　表11-3は，学習指導要領に示された５種類の学校行事の内容と，「小学校学習指導要領解説　特別活動編」で例示された個別的な行事を一覧にしたものです。これを見ると，たとえば儀式的行事は，意図的，計画的に展開される学校の教育活動の節目に位置づくもので，これまでの取り組みを互いに称え合うとともに新たな生活に向けての希望や意欲をもてるような動機付けを行うものである点が一つの特質であること，また，文化的行事は，日頃の学習の成果を発表することを通して，教科等で身に付けたさまざまな資質・能力が総合的に活用され，さらに深められていくものである点が一つの特質であることなど，

表11‑3 学校行事の内容

(1) 儀式的行事

学校生活に有意義な変化や折り目を付け，厳粛で清新な気分を味わい，新しい生活の展開への動機付けとなるようにすること（小・中・高）。

――

[「小学校学習指導要領解説 特別活動編」に示された行事の例]

入学式，卒業式，始業式，終業式，修了式，開校記念に関する儀式，教職員の着任式・離任式，新入生との対面式，朝会 など

(2) 文化的行事

平素の学習活動の成果を発表し，自己の向上の意欲を一層高めたり，文化や芸術に親しんだりするようにすること（小・中・高）。

――

[「小学校学習指導要領解説 特別活動編」に示された行事の例]

学芸会，学習発表会，展覧会，作品展示会，音楽会，読書感想発表会，クラブ発表会，音楽鑑賞会，演劇鑑賞会，美術館見学会，地域の伝統文化等の鑑賞会 など

(3) 健康安全・体育的行事

心身の健全な発達や健康の保持増進，事件や事故，災害等から身を守る安全な行動や規律ある集団行動の体得，運動に親しむ態度の育成，責任感や連帯感の涵養，体力の向上などに資するようにすること（小・中・高）。

――

[「小学校学習指導要領解説 特別活動編」に示された行事の例]

健康診断や給食に関する意識を高めるなどの健康に関する行事，避難訓練や交通安全，防犯等の安全に関する行事，運動会や球技大会等の体育的な行事 など

(4) 遠足（旅行：中・高）・集団宿泊的行事

自然の中での集団宿泊活動などの平素と異なる生活環境にあって，見聞を広め，自然や文化などに親しむとともに，よりよい人間関係を築くなどの集団生活の在り方や公衆道徳などについての体験を積むことができるようにすること（小）。

平素と異なる生活環境にあって，見聞を広め，自然や文化などに親しむとともに，よりよい人間関係を築くなどの集団生活の在り方や公衆道徳などについての体験を積むことができるようにすること（中・高）。

――

[「小学校学習指導要領解説 特別活動編」に示された行事の例]

遠足，修学旅行，野外活動，集団宿泊活動 など

(5) 勤労生産・奉仕的行事

勤労の尊さや生産の喜びを体得するとともに，ボランティア活動などの社会奉仕の精神を養う体験が得られるようにすること（小）。

勤労の尊さや生産（創造することの：高）の喜びを体得し，職場（就業：高）体験活動などの勤労観・職業観に関わる啓発的な体験（の形成や進路の選択決定などに資する体験：高）が得られるようにするとともに，共に助け合って生きることの喜びを体得し，ボランティア活動などの社会奉仕の精神を養う体験が得られるようにすること（中・高）。

――

[「小学校学習指導要領解説 特別活動編」に示された行事の例]

飼育栽培活動，校内美化活動，地域社会の清掃活動，公共施設等の清掃活動，福祉施設との交流活動 など

注：1）（ ）内の小は小学校，中は中学校，高は高等学校の学習指導要領における表記。
　　2）下線部は校種によって表記が異なっているもの。
出所：「学習指導要領」（2017，2018年告示），文部科学省「小学校学習指導要領解説 特別活動編」2017年より筆者作成。

5 種類の学校行事にはそれぞれ固有の特質があることがわかります。

　本節では，学校行事の目標と内容に焦点を当て，学校行事の特質を中心に見てきました。一口に学校行事といっても多種多様なものがありますが，学校教育で行うものとして固有の特質をもつ 5 種類の行事が学習指導要領のなかに位置づけられており，それらに共通する特質は，規模の大きな集団活動であること，学校生活に秩序と変化を与える非日常的な活動であること，日常の学習成果を総合的に発揮する実践活動であることといえます。

3　学校行事の特質と教育的意義

　前節では学校行事の特質として，全校または学年といった規模の大きな集団活動であること，学校生活に秩序と変化を与える非日常的な活動であること，日常の学習成果を総合的に発揮する実践活動であることの 3 つを示しました。本節では，こうした学校行事の特質から導き出すことができる学校行事の教育的意義について考えてみましょう。

1　規模の大きな集団活動（集団性）

　学校行事は，全校または学年といった規模の大きな集団を単位に，学校が計画し実施する活動です。したがって，異年齢の児童生徒とともに，目的の実現に向けて協力する場面も出てくることとなり，発達の段階や興味・関心等も異なる多様な他者との交流を経験することができます。学校行事では，こうした集団活動を児童生徒の自主的な活動もできるだけ取り入れながら，児童生徒や学校，地域の実態に応じて，学校が意図的・計画的に実施していきます。

　こうした学校行事を通して，児童生徒は，学級を単位とする活動が多くを占める日々の学校生活だけでは得られない体験をすることができます。たとえば運動会においては，異学年でのグループを組織し，グループ同士が競い合う形を取り入れた取り組みも見られます。準備の段階から，時には学級担任以外の

163

先生からの指導・支援も受けながら，上級生がリーダーシップを発揮し，グループに任された活動に取り組みます。そして当日は，全校の児童生徒全員が運動場という同じ場に集い，運動会のスローガンのもとこれまでの練習の成果を存分に発揮します。最後には，先生たちからはもとより，参観に訪れた多くの保護者や地域の方々からさまざまな形で祝福を受けることでしょう。こうした活動の過程において，子どもたちはさまざまな体験をします。たとえば，上級生に対して尊敬の念を抱いたり下級生や仲間への思いやりの大切さを感じたりする体験，自己の役割を果たすことや集団の規律を守ることの意義を実感する体験，みんなで力を合わせて最後まで頑張り抜くことの大切さを実感する体験などです。こういった体験を，日常の集団活動とは異なる次元で経験することを通して，グループへの所属感や連帯感，さらには愛校心を育むとともに，自主性や責任感，公共の精神などの社会性を身に付けていくことが期待できます。

　このように，学校行事は，規模の大きな集団活動を通して，社会的自立のために必要な，資質・能力を育てる重要な場となる点に大きな教育的意義を見いだすことができるといえます。

［2］　学校生活に秩序と変化を与える活動（非日常性）

　定められた日課表に基づき生活が展開される学校では，子どもたちは規則正しい生活を，基本的に毎日，定められた教室のなかで同年齢である学級や学年のメンバーとともに行っています。整然としている反面，人間形成を目指す学校教育の目標の面から見ると課題も残ります。

　そこで，教育課程に学校行事を位置づけ，ややもすると単調になりがちな学校生活に秩序と変化を与える活動を行うことを通して，学校教育の目標の実現に迫ることが期待されます。たとえば，儀式的行事を行うことで，学校生活に節目ができ，これまでの生活を振り返り，次の新たな生活への希望や意欲をもつことができます。なかでも，保護者や来賓を招待して行われる入学式や卒業式などでは，厳粛で気品ある雰囲気が醸し出され，学校生活に彩を与えることとなります。学校行事は学校生活に秩序と変化を与える非日常的な活動である

ことから，こうした面は他の学校行事についても当てはまると考えられます。

　このように，学校行事は学校生活に節目をつくり彩を与えることで，教育活動の成果を高め，豊かな学校文化や校風の創造に結びつく点に教育的意義があるといえます。

3　日常の学習成果を総合的に発揮する実践活動（総合性，実践性）

　学校行事は非日常的な教育活動であることから，実施においてはその時点までに教科等の授業や日々の生活のなかで学んだことを総動員して取り組むことが求められる場となります。たとえば，文化祭で劇を行うこととなった場合，劇のシナリオ作成においては国語のほか時代背景や地域性の検討が必要であれば社会科も，また，身体表現は体育，衣装制作とその費用計算は家庭科や算数・数学，音響効果は音楽，スポットライトなどの照明は図工・美術といった教科の総合的な取り組みが考えられます。さらに，練習計画を作成し，メンバーと協力して効果的に準備していくうえでは，学級活動・ホームルーム活動などの特別活動の成果や，日頃からの人間関係づくりが大きく影響してきます。このように，学校行事は，そのねらいの実現に向け，日常の学習成果を総動員して，それらを活用していく場となるわけです。ここで留意すべきは，学校行事が日常の学習成果の単なる寄せ集めであっては，成果は期待できないということです。学校行事のねらいを明確にし，その実現を目指したカリキュラム・マネジメントが大切になります。

　また，規模の大きな集団活動において，日常の学習成果を総合的に発揮し，成果をあげていくためには，その都度，互いに成果を確かめながら実践を繰り返すことが不可欠です。「学習指導要領解説　特別活動編」において，この度の改訂で新しく，「学校行事の意義の理解」「計画や目標についての話合い」「活動目標や活動内容の決定」「体験的な活動の実践」「振り返り」といった実践も含めた全体の学習過程が示されました（図11-1）。こうした一連の過程における主体的，対話的な学びのなかで，個々の児童生徒の日常の学習成果が生かされ，創意工夫を生かしながら全体のものとして総合的に発揮できるよう実

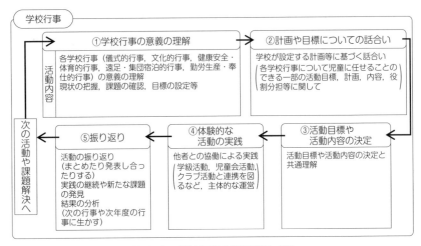

図11-1　学校行事の学習過程（例）

出所：文部科学省「小学校学習指導要領解説　特別活動編」2017年，p. 118。

践を重ねることを通して，一人一人の児童生徒の深い学びの実現を図っていくことが大切です。

　このように，学校行事は，日常の学習成果を総合的に発揮する場を提供することで，教科等の学習で学んだことや，日々の生活を通して身に付けた資質・能力を総合し活用する実践を重ねる機会を与え，学習指導要領で育成を目指す汎用性の高い資質・能力の育成に貢献することができる点に教育的意義があるといえます。また，日々の取り組みが低調であれば学校行事の成果もあがらないことから，日常の教育活動を見直す契機となる点にも教育的意義が認められるでしょう。

　以上，学校行事の特質として３点を取り上げ，それらを手掛かりに学校行事の教育的意義について示しました。

4　学校行事の指導のポイント

　学校行事の成果を高めるためには，前年度実施したものを単に繰り返し行うのではなく，前節で述べてきた学校行事の教育的意義が実現できるよう，目の

前の児童生徒や学校，地域の実態を踏まえ，明確なねらいを設定して行うことが大切です。本節では，学校行事の3つの特質を手掛かりに，指導の主なポイントについて考えてみましょう。

①主として集団性の面から

　ここでは，次の4点をあげることができます。1点目は，規模の大きな集団を対象とするため，ややもすると全体指導に目を向けがちになることから，一人一人の児童生徒の発達の段階に応じた個別指導も効果的に行うようにすること。2点目は，異年齢での集団活動を展開する場面では，上級生が下級生から感謝されるなどして自己有用感を高める活動となるよう，また，下級生が上級生に対しあこがれを抱くことができる活動となるよう工夫すること。3点目は，事前に行事の意義やねらいを十分に理解させたうえで活動に取り組ませるとともに，活動が終わった後には成果等を振り返る場を設け，集団への所属感，連帯感が深まるよう，事前指導や事後指導を効果的に行うこと。そして4点目は，規模の大きな集団の指導に当たっては，すべての教職員の共通理解のもと，すべての教職員が連携して取り組むようにすることです。

②主として非日常性の面から

　ここでは，次の3点をあげることができます。1点目は，非常事態への対応を含め，綿密な計画をたてること。2点目は，非日常的な活動のなかで見せる児童生徒の素顔を手掛かりに，教師と児童生徒および児童生徒相互の人間関係を深めることができるようにすること。そして3点目は，新しい学習指導要領に示された「社会に開かれた教育課程」の観点から，学校行事を通して保護者や地域の人々との連携を深めるようにすることです。

③主として総合性，実践性の面から

　ここでは，次の3点をあげることができます。1点目は，カリキュラム・マネジメントの観点に立って，日常の教育活動と学校行事の関連を明確にして取り組むこと。2点目は，日常の教科等の授業や集団生活の充実が学校行事の充実につながり，学校行事の充実が日常の教科等の授業や集団生活の充実につながることの意味を全教職員で共有すること。そして3点目は，目指す子どもの姿を具体的に示した評価規準を作成して評価を適切に行い，評価結果を踏まえ

て指導の改善を図ることです。

　最後に，学校行事は，学校が計画し実施する教育活動ですが，児童会活動・生徒会活動をはじめ特別活動の内容相互の関連を図りながら，児童生徒の自主的，実践的な活動が展開できるようにすることが大切です。

 まとめ

　本章では，特別活動のなかでは最も歴史が古く，また，今日，比較的好ましい実践が行われていると言われている学校行事を取り上げ，その特質や教育的意義を中心に考察してきました。これからの学校行事には，単に子どもたちの心に残るというだけではなく，その教育的意義を十分に発揮させ，一人一人の児童生徒に育成すべき資質・能力を着実に身に付けていくことが求められています。

　最後に，学校行事を通して特別活動の目標に迫っていくうえで，これからの教師に求められていることを，本章で学んだことや「さらに学びたい人のために」を手掛かりに整理してみましょう。

 さらに学びたい人のために

○山口満・安井一郎（編著）『特別活動と人間形成（改訂新版）』学文社，2010年。
　　学校教育において特別活動が果たす役割や指導のあり方等について，研究成果を踏まえて考察がなされています。本書のなかには学校行事についても記されており，学校行事の本質について理解を深めることができます。

○日本特別活動学会（編）『三訂　キーワードで拓く新しい特別活動——平成29年版・30年版学習指導要領対応』東洋館出版社，2019年。
　　特別活動を進めていく上で必要となる基本的な用語を取り上げ，その意味や指導のポイント等が整理して示されています。本書では，学校行事の内容ごとに，ねらいや意義，指導上の留意事項等について学ぶことができます。

○稲垣忠彦ほか（編集代表）『学校行事の創造』ぎょうせい，1995年。
　　歴史的に意義のある学校行事について明治から平成初期に至る事例とその解説が記されています。本書では，特別活動のなかで最も古い歴史をもつ学校行事の歴史的経緯について，特徴的な事例をもとに学ぶことができます。

第12章

学校行事の実践

● ● ● 学びのポイント ● ● ●

- 学校行事の学習過程から実践事例を理解する。
- 学校行事の学習過程において，集団や社会の形成者としての見方・考え方を
  働かせることを学ぶ。
- 学校行事における「人間関係形成」「社会参画」「自己実現」の視点について
  理解する。
- 学校行事の学習過程に見る第1に掲げられている資質・能力の育成について
  理解する。
- 学校行事と他教科，学級活動，児童会活動，クラブ活動との関連した指導に
  ついて学ぶ。

WORK	どこかで見た覚えはありませんか？

　この写真は，遠足・集団宿泊的行事である修学旅行での生活の一場面です。この写真から以下の問いについて考えてみましょう。

① この写真で問題となることは何ですか。その問題を解決するために，どのような指導を行いますか。

② 指導をする際に，他の教科等との関連をどのように図りますか。

③ この指導でどのような資質・能力を身に付けさせたいですか。その資質・能力を今後の学校行事や日常生活につなげるためにどのような指導を考えますか。

④ ①〜③について考えたことをグループで共有してみましょう。

● 導　入 ● ● ● ● ● ● ● ● ●

　学校行事の内容には，①儀式的行事，②文化的行事，③健康安全・体育的行事，④遠足・集団宿泊的行事，⑤勤労生産・奉仕的行事の５つがあります。本章ではとくに，①儀式的行事，③健康安全・体育的行事，④遠足・集団宿泊的行事の実践事例を見ていきます。教師の指導性と子どもの主体性の関連，子どもの成長に果たす学校行事の役割を，みなさんの経験も踏まえつつ学びを進められるようにしていきましょう。

● ● ● ● ● ● ● ● ●

1　儀式的行事：卒業式の実践例

1　儀式的行事のねらいと学習過程

　本節では，５つの学校行事のなかでも，「儀式的行事」の実践について見ていきます。学習指導要領では，儀式的行事とは，「学校生活に有意義な変化や折り目を付け，厳粛で清新な気分を味わい，新しい生活の展開への動機付けとなるようにすること」と示されています。ここでは，儀式的行事のなかでも卒業式に焦点を当てて見ていきます。第11章（図11‐1）では，学校行事の学習過程の流れを紹介していますが，図12‐1では，この学習過程の流れを卒業式にあてはめた時に，具体的にどのようになるかを示したものです。

2　学習過程の各学習段階における指導内容

　ここでは，図12‐1の①〜⑤の流れに沿って，詳細を見ていきます。
　学校行事は，校長が示す学校経営計画の内容に沿って計画されます。卒業式も同様です。実施計画を立てるにあたっては，例年通りとすることなく，カリ

＊1　「小学校学習指導要領」第6章「特別活動」第2「各活動・学校行事の目標及び内容」〔学校行事〕2「内容」(1)「儀式的行事」（2017年告示）。中学校や高等学校の学習指導要領も同様。

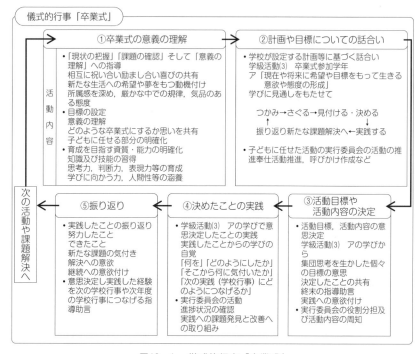

儀式的行事「卒業式」

①卒業式の意義の理解

活動内容

- 「現状の把握」「課題の確認」そして「意義の理解」への指導
  相互に祝い合い励まし合い喜びの共有
  新たな生活への希望や夢をもつ動機付け
  所属感を深め，厳かな中での規律，気品のある態度
- 目標の設定
  意義の理解
  どのような卒業式にするか思いを共有
  子どもに任せる部分の明確化
- 育成を目指す資質・能力の明確化
  知識及び技能の習得
  思考力，判断力，表現力等の育成
  学びに向かう力，人間性等の涵養

②計画や目標についての話合い

- 学校が設定する計画等に基づく話合い
  学級活動(3) 卒業式参加学年
  ア「現在や将来に希望や目標をもって生きる意欲や態度の形成」
  学びに見通しをもたせて

  つかみ→さぐる→見付ける・決める
  振り返り新たな課題解決へ←実践する

- 子どもに任せた活動の実行委員会の活動の推進奉仕活動推進，呼びかけ作成など

次の活動や課題解決へ

⑤振り返り

- 実践したことの振り返り
  努力したこと
  できたこと
  新たな課題の気付き
  解決への意欲
  継続への意欲付け
- 意思決定し実践した経験を次の学校行事や次年度の学校行事につなげる指導助言

④決めたことの実践

- 学級活動(3) アの学びで意思決定したことの実践
  実践したことからの学びの自覚
  「何を」「どのようにしたか」
  「そこから何に気付いたか」
  「次の実践（学校行事）にどのようにつなげるか」
- 実行委員会の活動
  進捗状況の確認
  実践への課題発見と改善への取り組み

③活動目標や活動内容の決定

- 活動目標，活動内容の意思決定
  学級活動(3) アの学びから
  集団思考を生かした個々の目標の意思
  決定したことの共有
  終末の指導助言
  実践への意欲付け
- 実行委員会の役割分担及び活動内容の周知

図12-1　儀式的行事「卒業式」

出所：筆者作成。

キュラム・マネジメントを働かせ，学習指導要領において特別活動で育成を目指すとされる資質・能力[*2]を，どのような指導場面を通して，どのような指導のもと育成していくのか，学校として共有することが求められます。そのため，現状を把握し，課題を明確にしたもとで，卒業式の意義を理解できるようにすることが必要となります。

①「卒業式の意義の理解」

　意義の理解の指導に際しては，教師の一方的な講義ではなく，「なぜ，卒業式をするのか。どのような卒業式にしたいのか」を子どもたち自身に考えさせ，集団思考を通して，学校，保護者の思いとともに共有することが大切です。子

＊2　「小学校学習指導要領」第6章「特別活動」第1「目標」に示されている資質・能力で，本書第16章（p. 235）に示されている3点のこと。

172

どもが卒業式をしてもらうのではなく，卒業式を自ら創っていくという問題意識をもてるようにすることが重要です。

　また，卒業式の学習内容のなかには，子どもに任せることができる場面があります。子どもが子どもに（同学年の仲間に，あるいは，後輩に）言葉や行動，態度を通して伝えていくことは，その学校に子どもの内発的動機から生まれる文化，伝統が育まれていくことを意味します。

　②「計画や目標についての話合い」と「活動目標や活動内容の決定」

　子どもが卒業式への参加に主体的に関われるように，個々に意思決定をする話合い，また，子どもが主体的に活動する内容の確認と役割分担および活動への取り組みに関する話合いをします。これらの話合いは，卒業式の意義の理解を図ったうえで，学校が設定する卒業式の計画等に基づくものです。

　学校学習指導要領の学級活動「(3)一人一人のキャリア形成と自己実現」のアでは「現在や将来に希望や目標をもって生きる意欲や態度の形成」と示されています[3]。ここではその指導を行います。卒業式に向けた教師や保護者の願い，子どもの思いを提示し，みんなで具体的な目標を出し合い，自分に合った内容を一人一人が意思決定していきます。次の内容を読んでみましょう。

> 心を込めた卒業式にするために
> 【感謝】　今までお世話になった家族，先生方，友だちに卒業式で感謝の気もちを
> 　　　　　示したい，伝えたいです。
> 【希望】　中学生になる前の決意を下級生，家族等に示すため，歌，呼びかけを一
> 　　　　　生懸命がんばります。

　意思決定した内容を卒業式への取り組みの前に確認させます。さらに，取り組みの終末に目標に対する振り返りをさせます。今日の自分を前回の自分と比べつつ，自己の成長を自覚できるようにし，意思決定した内容に基づく取り組みをより明確にしていくためです。

---

*3　「小学校学習指導要領」第6章「特別活動」第2「各活動・学校行事の目標及び内容」〔学級活動〕2「内容」(3)「一人一人のキャリア形成と自己実現」ア「現在や将来に希望や目標をもって生きる意欲や態度の形成」(2017年告示)。中学校や高等学校の学習指導要領も同様。

子どもに任せる活動には，呼びかけの作成，奉仕活動（清掃活動や制作活動等）の内容等の話合いと役割分担があります。実行委員を決め，話合いを通して実践活動を進めていくことで，自分たちで創る卒業式への思いが高まります。

　③「決めたことの実践」

　個々に意思決定したことを実践させます。意思決定したことを記したカードに振り返りの内容を記入できるようにする工夫も考えられます。子どもは，振り返りを通して，新たな課題に気付き，課題解決への意欲をもてるようになります。教師は，振り返りの内容を確認し，個々の子どもの成長と関わらせ，フィードバックしていくことで，子どもの取り組みを価値付けることができます。

　④「振り返り」

　次に示すものは，前掲の子どもが振り返りを通して，意思決定した内容を変えたものです。卒業式の練習場面での自分を思い返したり，友だちからの助言を聞いたりするなかで，今の自分に合った内容へと調整していることがわかります。

【感謝】　今までお世話になった家族，先生方，友だちに卒業式で感謝の気持ちを
　　　　　示せるように，「ありがとう」が伝わる態度，行動をします。

【希望】　あこがれの中学生になるという決意を示すため，歌，呼びかけを一生懸
　　　　　命がんばります。

　個々の意思決定を明確にさせ，その意思決定した内容に向かって実践させることから，子どもは自分の取り組みを客観的にとらえることができるようになります。「なすことによって学ぶ」を方法原理とする特別活動では，子どもが経験したことを自らの学びとして，目標に対してどのような自分でいるのか，どこまで目標に近付くことができているのか，何が次の課題なのかを明確にもてるようにすることが重要です。体験を通した累積的な学びが，次の学校行事へとつながっていきます。

　卒業式の参加学年は学校によって異なります。卒業生は中学校での入学式につながるように，在校生として参加する学年の子どもには，新たな学年への思いがもてるように，系統的な指導が必要です。

2　健康安全・体育的行事：運動会の実践例

■1■　健康安全・体育的行事のねらいと学習過程

　5つの学校行事のうち，ここでは「健康安全・体育的行事」について取り上げます。学習指導要領では，健康安全・体育的行事とは「心身の健全な発達や健康の保持増進，事件や事故，災害等から身を守る安全な行動や規律ある集団行動の体得，運動に親しむ態度の育成，責任感や連帯感の涵養，体力の向上などに資するようにすること」と示されています。ここでは，健康安全・体育的行事のなかでも運動会に焦点を当てて見ていきます。第1節の卒業式と同様，図12-2では，運動会の学習過程を示しています。

■2■　学習過程の各学習段階における指導内容

　ここでは，図12-2の①〜⑤の流れに沿って，詳細を見ていきます。

　①「運動会の意義の理解」

　運動会も，校長が示す学校経営計画の内容に沿って計画されます。実施計画を立てるにあたっては，特別活動で育成を目指す資質・能力を，運動会の実施に至るまでのなかで，どのような指導のもと育成していくのか，体育科の学習内容との関連を図りつつ学校として共有することが求められます。そのため，現状を把握し，課題を明確にし，運動会の意義を理解させることが必要となります。とくに，子どもの健康や安全には留意し，事故防止に努めます。

　意義の理解の指導に際しては，教師の一方的な指導ではなく，「なぜ，運動会をするのか。どのような運動会にしたいのか」を子どもが考えられるようにすることが大切です。「させられる」ではなく「する」という問題意識を子ど

---

*＊4　「小学校学習指導要領」第6章「特別活動」第2「各活動・学校行事の目標及び内容」〔学校行事〕2「内容」(3)「健康安全・体育的行事」(2017年告示)。中学校や高等学校の学習指導要領も同様。

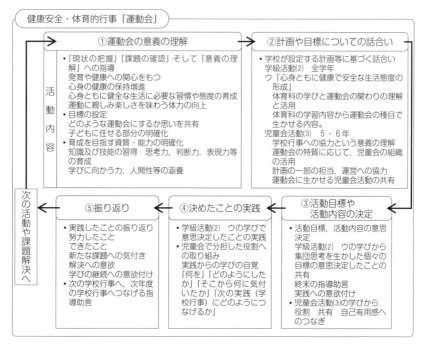

図12‐2　健康安全・体育的行事「運動会」の学習過程

出所：筆者作成。

もがもてるようにします。場合によっては，校長が学校として共有した内容を，子どもたちに講話することも考えられます。

　また，運動会の学習内容のなかには，子どもに任せることができる場面があります。たとえば，「学年などの団体で行う表現運動で，身体表現の一部分を子どもが考える」「リレーの作戦として走る順番を子どもが決める」「種目の紹介を，取材をもとに子どもが作る」といった場面です。このようなことから，運動会に参画するという意識をもてるようにします。

　②「計画や目標についての話合い」と「活動目標や活動内容の決定」

　学校が設定する計画に基づき，子どもが運動会に主体的に関わることができるように，以下の点から指導を行います。

　まず，代表委員会の活動との関連があります。代表委員会では，どのような

学校にしたいかという年間テーマを作成します。そのテーマに迫るため，各学校行事等でもどのような思いで取り組んでいくか，運動会のテーマを作成し，全校の子どもに周知します。これは，全校朝会の後，代表委員が全校児童に向け，伝えた内容です。以下の文章を読みましょう。

> 　今年の代表委員会の年間テーマ「一人一人が支え合い，ありがとうの気持ちを大切にする」をもとに「勝利」のためではなく，みんなの努力の成果を出し切るために一人一人の努力や応援が大切であることを伝えられるように考えました。
> 　今年の運動会のテーマは「あふれる笑顔とたくさんの声援で，一人一人の努力の成果を出し切ろう！」です。

　代表委員会が目指す学校を創るための年間テーマと関わらせる運動会のテーマです。運動会を単発の学校行事とせず，学校行事の体験的な学びと日常の学校生活をつなげる働きもします。

　次に，各種委員会活動の組織の活用として関連させることができます。各委員会の組織を生かした分担を進め，活動に子どもの創意工夫を取り入れられるようにします。たとえば，アナウンスは放送委員会，各種目の見どころ新聞は広報委員会，養護関係は保健委員会，ポスター，プログラム作成は掲示委員会，各種用具準備等は運動委員会，装飾関係は美化委員会など，といったように分担ができます。

　その他，学級活動(2)「ウ　心身ともに健康で安全な生活態度の形成[*5]」の視点から，運動会の意義，代表委員会から示される運動会のテーマを受けて，子どもが個々に集団思考を生かし意思決定する指導を行います。

　また，体育科の学習内容を生かして，体育科での学びを運動会の種目のなかで活用することができるよう，体育科における既習内容と種目の内容を関連づけた指導を行います。たとえば，表現活動の動きのなかに，体育科で学んだ動きを取り入れ，「学び合い」の場，子どもが創意工夫する場を設けます。

＊5　「小学校学習指導要領」第6章「特別活動」第2「各活動・学校行事の目標及び内容」〔学校行事〕2「内容」(2)「日常の生活や学習への適応と自己の成長及び健康安全」のウ（2017年告示）。中学校や高等学校の学習指導要領も同様。

さらに，特別の教科道徳の内容項目の実践の場として，特別の教科道徳の内容項目（希望と勇気，努力と強い意志　友情，信頼，公正，公平，社会正義等）の学びを想起させた指導を行います。

③「決めたことの実践」

　学級活動(2)ウ[*6]の学びで個々に意思決定したことを実践させます。意思決定した内容については，運動会を実施するまでの経過のなかで振り返りができるようにします。個々の子どもの振り返りを教師がフィードバックしていくことで，子どもの取り組みに価値づけをすることができます。

　児童会活動の組織を活用した運動会の運営，体育科の学習内容と関わらせた活動の構成等，子どもの主体的な活動が学校行事に反映されるようにします。校長が全校朝会の講話に子どもの主体的な活動を取り入れ，励ますこと等が子どもの意欲を高めることに効果があります。

④「振り返り」

　運動会の実施後，振り返りを丁寧にすることで，運動会で得た連帯感や所属感，充実感や達成感，自己有用感や自尊感情を日常の学びや次の学校行事につなげていくことが大切です。

3 遠足・集団宿泊的行事：修学旅行の実践例

■1 健康安全・体育的行事のねらいと学習過程

　本節では，「遠足・集団宿泊的行事」について見ていきます。学習指導要領では，遠足・集団宿泊的行事とは「自然の中での集団宿泊活動などの平素と異なる生活環境にあって，見聞を広め，自然や文化などに親しむとともに，よりよい人間関係を築くなどの集団生活の在り方や公衆道徳などについての体験を積むことができるようにすること」と示されています[*7]。図12-3の学習過程に

＊6　「小学校学習指導要領」第6章「特別活動」第2「各活動・学校行事の目標及び内容」〔学校行事〕2「内容」(2)「日常の生活や学習への適応と自己の成長及び健康安全」のウ（2017年告示）。中学校や高等学校の学習指導要領も同様。

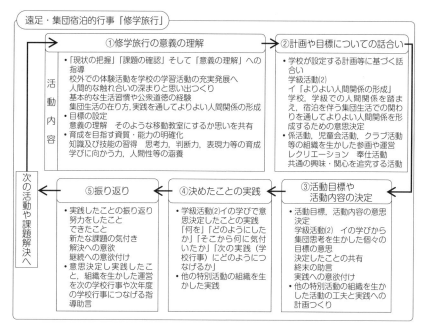

図12-3 遠足・集団宿泊的行事「修学旅行」の学習過程

出所：筆者作成。

沿って，活動の内容を見ていきましょう。

2 学習過程の各学習段階における指導内容

①「修学旅行の意義の理解」

　学校は，修学旅行の実施に関わる現状の把握に基づき，課題を明確にします。課題を基に遠足・宿泊的行事のねらいについて説明をし，子どもが修学旅行の実施に向け，問題意識がもてるようオリエンテーションを行います。そのうえで「どのような修学旅行にしたいのか」子どもの思いを引き出します。その際，

＊7　「小学校学習指導要領」第6章「特別活動」第2「各活動・学校行事の目標及び内容」〔学校行事〕2「内容」(4)「遠足・集団宿泊的行事」(2017年告示)。「中学校学習指導要領」(2017年告示)も同様。「高等学校学習指導要領」(2018年告示)では(4)「旅行・集団的宿泊行事」。

より具体的な思いがもてる工夫をします。前年度までの修学旅行の様子がわかる写真や先輩の子どもが書いた学習作品を展示し、自由に見られるようにします。また、子ども同士で気付いた疑問について、先輩にインタビューができる機会をつくります。子どもが子どもから学ぶ場となります。

　また、この事例校では、総合的な学習の時間と関わらせて、修学旅行前に現地の歴史、文化、自然等に関わる課題を個々に設定し、下学年への発信を見据えた学習計画を立て、現地での学びを進めていく指導も行いました。現地で経験した房州うちわの作成、鯵の開き体験の様子、島で学んだ地層の様子、漁港で働く人々等の課題が見られます。

　②「計画や目標についての話合い」と「活動目標や活動内容の決定」

　意義の理解を受け、各学級では、学級活動の「社会参画意識の醸成や働くことの意義の理解[*8]」の指導を行います。事例校では、修学旅行のねらいとして「自分たちの生活は自分たちで創る」に重点を置いています。個々に担う役割を共有すること、自分の役割を集団との関わりを踏まえつつ果たしていくこと、生活の基盤となるよりよい人間関係を築くこと、そして、多くの方々の支えのもと自分たちの生活があることを考え公衆道徳に努めること、感謝の気持ちを行動で表すことを、これまでの学習を振り返らせ個々に意思決定し、実践に向かう目標とさせます。「友だちのよさを発見する」「元気よくあいさつをする」「時刻を守り行動する」等、目標は、修学旅行のしおりに明記し、日々の振り返りに活用できるようにします。

　また、子どもの主体的な活動を生かしていくことで、参画意識が高まり、よりよい修学旅行にしたいという思いが生まれてきます。日常の学校生活における組織、活動を修学旅行に生かしていくために以下の指導を行います。

　（i）係活動、集会委員会、運動委員会などを生かした活動

　バスレクリエーション、キャンプファイヤー、室内ゲームなど、集団活動として楽しむ計画があります。子どもに任せる範囲を明確にし、役割分担を行い、

＊8　「小学校学習指導要領」第6章「特別活動」第2「各活動・学校行事の目標及び内容」〔学級活動〕2「内容」(3)「一人一人のキャリア形成と自己実現」イ「社会参画意識の醸成や働くことの意義の理解」(2017年告示)。中学校や高等学校の学習指導要領も同様。

子どもが活動の計画を立てます。活動については「学校行事のめあて」「健康安全」「人権教育」などに留意した指導のもと活動できるよう指導をします。

(ⅱ)　よりよい生活を創ることを目指し，特別の教科道徳の学びを実践する場としてとらえる活動

感謝の気持ちを行動として伝えることができるようにするために，日々の生活のなかで，どのようなことに気を付けて生活することが大切か，子どもの考えを引き出します。「迷惑をかけない」「物を大切に扱う」「あいさつを元気よくする」「ゴミを落とさない，ゴミは拾う」「使った場所はきれいにする」など，これまでの校外学習での経験をもとにした考えが出されます。その内容をどのように全体で共有するか，現地でどのように振り返り改善をしていくか，見通しをもてるよう指導します。

③「決めたことの実践」

次の言葉は，宿舎での開校式で代表の子どもが話したものです。

> ……過ごすときのめあてを意識して生活していきましょう。一つは，岩井（千葉県）は目の前に海や山が見え，たくさんの自然に囲まれています。まだ，気付いていない自然もあるかもしれません。たくさんの自然に親しんでいきましょう（他に，体験や見学を日常の学習に生かすこと。友情を深めること。自分のことは自分ですること）。最後は，これからお世話になる方々に感謝の気持ちを行動や言葉で伝えていくことです。

あいさつの言葉からは，「自分たちでよりよい生活を創っていく」ことがうかがわれます。事例校での事前の指導内容が子どもに意識されています。

学習指導要領で示されている学級活動(3)「イ　社会参画意義の醸成や働くことの意義の理解」の学びで個々に意思決定したことが，日々の生活を創るなかで実践されます。一人一人が集団との関わりにおいて，よりよい生活を創るために活動し，振り返ります。子どもは，計画に沿って，「何を」「どのようにし

＊9　「小学校学習指導要領」第6章「特別活動」第2「各活動・学校行事の目標及び内容」〔学級活動〕2「内容」(3)「一人一人のキャリア形成と自己実現」イ「社会参画意義の醸成や働くことの意義の理解」(2017年告示)。中学校や高等学校の学習指導要領も同様。

たか」「そこから何に気付いたか」「次の実践にどのようにつなげるか」という PDCA をしています。このような流れによって「なすことによって学ぶ」が価値付けられます。

④「振り返り」

日々の振り返りが全体を通してのより客観的な振り返りの支えとなります。修学旅行での学びを次の学校行事にどのようにつなげるか，そのつながりのプロセスがもてるようにしなければなりません。教師は，振り返りの内容をとらえ，どのような行動に結びつけていくかの指導を，特別の教科道徳の指導と関わらせて行うことなどが必要です。

 まとめ ....

学校行事の学習過程を押さえることから，学習過程の各段階における「指導すべき内容」「育成を目指す資質・能力」「学級活動，児童会活動，クラブ活動，他教科との関連を図った指導」を示しました。各小学校では，5つの内容の学校行事が計画され教育課程に位置づけられるとともに，そのことをもとに，具体的な計画が立てられます。

学校行事を単発の活動，学びの場としてとらえるのではなく，学習指導要領第6章「特別活動」の第1「目標」で示されている資質・能力が体験活動のもと系統的に累積的に育成されるよう学校行事をとらえることが必要です。

....

 さらに学びたい人のために

○有村久春（編著）『平成29年改訂 小学校教育課程実践講座 特別活動』ぎょうせい，2017年。

2017年に告示された学習指導要領の特別活動に関わる内容が網羅されています。学校行事の改訂，指導を具体的に示しています。

○岩田茂樹『特別活動の心理』東洋館出版社，1986年。

学校行事に対する教師の取り組み姿勢，適切な指導体制に基づく子どもの主体的な参加等について考える一助となります。

○坂本昇一『生徒指導と学級活動・体験学習』文教書院，1990年。

　「子どもが創る旅行・集団宿泊的行事」では，子どもの主体性と生徒指導の機能とを関わらせて論じられています。学校行事のとらえ方を学ぶ書になります。

○三宮真智子『メタ認知で〈学ぶ力〉を高める──認知心理学が解き明かす効果的学習法』北大路書房，2018年。

　子どもが学びに対して主体的に学ぶことや，子どもの振り返りを高めていくことといったように，特別活動の指導に関わるヒントを探ることができます。

第 13 章

特別活動の評価・改善活動

● ● ● 学びのポイント ● ● ●

- 特別活動の評価はどのように行うのか理解する。
- 特別活動の評価をする際の工夫や留意点を理解する。

WORK　いじめや暴力のない学級・学校づくり

　文章を読んで，以下の課題を考えてみましょう。また，個人で取り組んだ後に，グループで意見を共有してみましょう。

> 　いじめが原因で不登校につながったり，自殺を招く事件が起きたりしています。こうした現状にあって，いじめは喫緊の教育課題です。「いじめは人間として絶対に許されない」という意識を，児童生徒一人一人に徹底させるとともに，教員がそのことを自覚し指導していくことが大切です。一方で，いじめはどの子どもにも，どの学校においても起こり得ること，また，誰もが被害者にも加害者にもなり得ることを十分に認識することも大切です。
> 　この課題の解決に資するための児童生徒の健全育成に，特別活動は重要な役割を果たしているといえましょう。特別活動を通して，自己や他者を理解し，自分も人も大切にする態度を育てる活動が実践できるからです。
> 　教師として次のような実践をどのように取り組むか考えてみましょう。

①　あなたは学級担任として，児童生徒の実態をどのように把握しますか。

②　あなたは学級担任として，「いじめや暴力のない学級づくり」にどのように取り組んでいきますか。

③　あなたはその取り組みを通して，児童生徒に望ましい人間関係を構築する資質・能力が身に付いたか，どのように評価しますか。

● 導　入 ● ● ● ● ● ● ● ●

　特別活動（学級活動，児童会活動・生徒会活動，クラブ活動（小学校のみ），学校行事）の評価はどのように行えばよいでしょうか。

　教科指導の学習評価については，授業中の机間指導，ノートや作品などの提出物，振り返りの小テスト，単元ごとのテスト，定期テストなどによって，児童生徒の学習状況を把握することができます。たとえば，数学「方程式」の授業で，そのねらいが「基本的な方程式を解けるようにする」ことであれば，その授業で方程式が解けるようになったかを机間指導や確認テストなどを通して評価し指導につなげています。

　特別活動のそれぞれの活動においては，教師は，いつ，何を，どのように評価すればよいのでしょうか。ここでは，特別活動の評価の意義や課題，方法などについて，具体的な事例を含めて紹介していきます。

● ● ● ● ● ● ● ● ●

1 特別活動の評価の工夫と留意点

　学習評価については，小学校および中学校学習指導要領で次のように示されています（（　）は小学校の表記）。[*1]

> 学習評価の実施に当たっては，次の事項に配慮するものとする。
> (1)　生徒（児童）のよい点や進歩の状況などを積極的に評価し，学習したことの意義や価値を実感できるようにすること。また，各教科等の目標の実現に向けた学習状況を把握する観点から，単元や題材など内容や時間のまとまりを見通しながら評価の場面や方法を工夫して，学習の過程や成果を評価し，指導の改善や学習意欲の向上を図り，資質・能力の育成に生かすようにすること。
> (2)　創意工夫の中で学習評価の妥当性や信頼性が高められるよう，組織的かつ計画的な取組を推進するとともに，学年や学校段階を越えて生徒（児童）の学習の成果が円滑に接続されるように工夫すること。

＊1　「小学校学習指導要領」第1章「総則」第3「教育課程の実施と学習評価」2「学習評価の充実」（2017年告示）。「中学校学習指導要領」（2017年告示）も同様。

ここに記載された内容は大きく次の5点となります。以降このポイントに沿って，実際の特別活動の学習評価を行う際の工夫や留意点を示していきます。

- 児童生徒のよい点や進歩の状況などを積極的に評価する。
- 学習したことの意義や価値を実感できるようにする。
- 単元や題材など内容や時間のまとまりを見通しながら評価の場面や方法を工夫する。
- 学習の過程や成果を生かすようにする。
- 学習評価を組織的かつ計画的に推進し，学年や学校段階を超えて生徒（児童）の学習の成果が円滑に接続されるように工夫する。

1 児童生徒のよい点や進歩の状況などを積極的に評価する

話合い活動や実践の場面における児童生徒の役割を明確にし，できたことを褒めることが大切です。その際，振り返りシートなどを活用し，自身の活動を振り返らせるとともに，できたことを言葉で賞賛してフィードバックします。また振り返りシートなどをファイリングするなどして，活動の記録が蓄積できるようにすることで，進歩の状況を児童生徒も教員も把握することができます。学校行事などの振り返りとして，作文を書かせる活動も少なくありませんが，これは児童生徒の感動体験や成長の記録として，学習評価の資料として活用することができます。

2 学習したことの意義や価値を実感できるようにする

それぞれの活動を行う際に，特別活動で育成を目指す資質・能力に合わせて，ねらいを設定します。児童生徒が活動を通して学習の意義や価値を実感できるようにするためには，まず，教員がねらいや活動の意義を明確にし，児童生徒に伝えることが大切です。その際，具体的な評価の観点を設定し，評価の場面，時期，方法などを明確にする必要があります。また，各活動や学校行事などを通して決まったことや達成できた成果などを視覚化することも大切です。発表

の場を設定する，校内に掲示する，活動の様子を画像や文章で残して学級通信や学校便りなどに掲載するなどの工夫が考えられます。

3　評価の場面や方法を工夫する

　評価の場面や方法については，題材などの内容や時間のまとまりを見通しながら行うことが大切です。また，学級活動や，児童会・生徒会活動，クラブ活動（小学校のみ），学校行事など，活動によって評価の場面や方法は異なります。評価者も異なってきます。1単位時間の学級活動は，学級の児童生徒を最もよく理解できる立場にある学級担任が適していますが，学級活動以外の場合には，教師間の連携・協力の下で評価が適切に行われるように工夫する必要があります。また，特別活動では，1単位時間の学級活動に行う「短期的に行う評価」と，実践場面で行う「中期的に行う評価」と，学期末や学年末に行う「長期的に行う評価」によって，特別活動のねらいに基づいた児童生徒の育成を行うことができます。

　①1単位時間の学級活動における評価

　1単位時間の学級活動では，学級の児童生徒を最もよく理解できる立場にある学級担任が児童生徒の活動状況を適切に把握し，評価することが大切です。また，振り返りの自己評価や相互評価などの学習活動としての評価も資料として活用することが必要です。

　②実践場面における評価

　学級活動の係活動や集会活動，児童会・生徒会活動，クラブ活動（小学校のみ），学校行事などの実践の場面では，いずれも学級や学年の所属を離れた集団による活動となることが多くなります。固定した集団もあれば臨時に編成する集団もあります。担当の教師が広い範囲にまたがる場合には，教師間で連携・協力して指導および評価を行っていくことが大切です。指導担当者が学級担任に対して，児童生徒の活動状況やよい点，進歩した状況などを伝え，記録を蓄積するなどして，組織的・計画的な評価体制を構築する必要があります。

表13-1　自己評価シートの項目例

学期末の振り返り（例）〈頑張ったことや反省点〉	学校行事の振り返り（例）〈頑張ったことや反省点〉
・規則正しい生活 ・チャイム着席 ・気持ちよいあいさつ ・当番活動や係活動 ・委員会活動 ・部活動 ・学校行事（運動会，遠足，合唱祭…） ・友人関係 ・授業中の学習（国語，社会，理科…） ・家庭学習　　　　　　　　　　　　など	・学級での話合い 　ex）学級目標決め，係決め ・学校全体での話合い（実行委員会など） ・学級での練習への主体的な参加 　ex）運動会，合唱祭 ・学年や全体での練習へ主体的な参加 ・係の活動への参加や協力 ・学級目標，自己目標の達成　　　　など

出所：筆者作成。

③学期や学年を通しての評価

　各活動・学校行事の成果をタイムリーに評価し，児童生徒の実感につなげ，次の活動の意欲となるようにすることはとても大切ですが，各学期や1年間のまとめの時期に，これまでの児童生徒の様子を振り返って評価し，個人面談で本人や保護者に伝えたり，通知表の所見欄に記載したりするなど，フィードバックすることが大切です。その際にも，自己評価シートなどを活用して，本人の振り返りの状況を評価に活用することも必要です。表13-1に例を示します。

4　学習の過程や成果を評価し，資質・能力の育成に生かす

　教科と同様に，特別活動においても評価を指導の改善に生かすという視点，つまり指導と評価の一体化が大切です。これまで述べてきたように，1単位時間の活動における評価や，時間や内容のまとまりごとの評価など，評価の場面や方法はそれぞれに違いますが，いずれにしても，教員は，児童生徒が活動している状況をタイムリーにとらえて評価することが大切です。活動の結果だけでなくその活動の過程において努力したことや意欲，できたことを積極的に褒めたり，できないことには指導・助言・支援を行ったりすることで，活動のねらいを一人一人の児童生徒が達成できるようにすることが大切です。

表13‐2　中学校生徒指導要録「特別活動の記録」

特　別　活　動　の　記　録					
内容	観点　　＼　　学年		1	2	3
学級活動					
生徒会活動					
学校行事					

出所：文部科学省「中学校指導要録（参与様式）」2019年より一部抜粋。

5　学年や学校段階を超えて学習の成果を円滑に接続する

　学習指導要領において，学級活動の内容(3)「一人一人のキャリア形成と自己実現」について，「学校，家庭及び地域における学習や生活の見通しを立て，学んだことを振り返りながら，新たな学習や生活への意欲につなげたり，将来の生き方を考えたりする活動を行うこと。その際，生徒が活動を記録し蓄積する教材等を活用すること[*2]」と示されています。特別活動は，教育活動全体で行うキャリア教育の要となることから，特別活動で学んだこと，体験したこと，それを通して気付いたことや考えたことなどを蓄積していくことで，児童生徒のキャリア形成につながっていくことが期待されます。その際，児童生徒自らが記録と蓄積を行っていく，ポートフォリオ的な教材等[*3]を活用することによって，小学校，中学校，高等学校へと学習の成果を接続していくことが必要です。こうした児童生徒の自己評価を資料として活用しながら，教師も学習評価の蓄積を行って次の学年や次の学校へと学習の成果を伝えていくことが大切です。

　また，学年を超えて共有する生徒の情報として，生徒指導要録があります。特別活動の記録の記入方法は，各学校が自ら定めた特別活動全体に係る評価の観点を記入したうえで，各活動・学校行事ごとに，評価の観点に照らして十分に満足できる活動の状況にあると判断される場合に，〇印を記入することと示

[*2]　「中学校学習指導要領」第6章「特別活動」第2「各活動・学校行事の目標及び内容」3「内容の取扱い」の(2)（2017年告示）。小学校や高等学校の学習指導要領も同様。

[*3]　**ポートフォリオ**：児童生徒一人一人が学習過程で作成したレポートや，写真など活動の様子がわかる記録等をファイルに入れて保存する学習評価方法。

されています（表13-2）。こうした記載についても，学校全体で組織的・計画的に情報を共有しながら，児童生徒の学習の成果を評価する必要があります。

6　小学校・中学校の特別活動の評価

　小学校および中学校の学習指導要領解説の特別活動編において，特別活動における評価について表13-3のように示されています。なお，異校種理解の観点から，小学校と中学校の違いがわかるように並べて掲載しました。

2　特別活動における評価方法

　特別活動では，各教科における評価で用いられるような筆記テストによって評価することは適切ではありません。前項ではポートフォリオによる評価について触れましたが，ここでは，その他の特別活動における具体的な評価方法の例をいくつか示します。

1　教師の観察による評価

　学級担任や担当の教師が児童生徒の活動の様子を観察に基づいて評価する方法です。児童生徒の，学級会における話合い活動の様子や実際の実践場面での活動の様子を観察します。その際には観察記録を蓄積しておきましょう。

2　児童生徒による自己評価や相互評価

　児童生徒が活動状況を振り返って自ら評価する方法です。活動の終末や学期末に，振り返りシートなどを活用して活動を振り返る時間を設け，児童生徒自らが成果や課題を見つめることが大切です。また，児童生徒が互いの活躍を評価する相互評価も有効です。そこでは，教師が気付かなかった活動の状況や児童生徒の思いを把握することができます。

表13 - 3　特別活動における評価

小学校	中学校
特別活動の評価において，最も大切なことは，児童一人一人のよさや可能性を積極的に認めるようにするとともに，自ら学び自ら考える力や，自らを律しつつ他人とともに協調できる豊かな人間性や社会性など生きる力を育成する視点から評価を進めていくということである。そのためには，児童が自己の活動を振り返り，新たな目標や課題をもてるような評価を進めるため，活動の結果だけでなく活動の過程における児童の努力や意欲などを積極的に認めたり，児童のよさを多面的・総合的に評価したりすることが大切である。その際，集団活動や自らの実践のよさを知り，自信を深め，課題を見いだし，それらを自らの実践の向上に生かすなど，児童の活動意欲を喚起する評価にするよう，児童自身の自己評価や集団の成員相互による評価などの学習活動について，いっそう工夫することが求められる。なお，児童の自己評価や相互評価は学習活動であり，それをそのまま学習評価とすることが適切ではないが，学習評価の参考資料として適切に活用することにより，児童の学習意欲の向上につなげることができる。 （中略） 　また，評価については，指導の改善に生かすという視点を重視することが重要である。評価を通して教師が指導の過程や方法について反省し，より効果的な指導が行えるような工夫や改善を図っていくことが大切である。 　さらに，特別活動の評価に当たっては，各活動・学校行事について具体的な評価の観点を設定し，評価の場や時期，方法を明らかにする必要がある。その際，特に活動過程についての評価を大切にするとともに，児童会活動やクラブ活動，学校行事における児童の姿を学級担任以外の教師とも共通理解を図って適切に評価できるようにすることが大切である。	特別活動の評価において，最も大切なことは，生徒一人一人のよさや可能性を生徒の学習過程から積極的に認めるようにするとともに，特別活動で育成を目指す資質・能力がどのように成長しているかということについて，各個人の活動状況を基に，評価を進めていくということである。そのためには，生徒が自己の活動を振り返り，新たな目標や課題をもてるようにするため，活動の結果だけでなく活動の過程における生徒の努力や意欲などを積極的に認めたり，生徒のよさを多面的・総合的に評価したりすることが大切である。そのため，生徒一人一人が，自らの学習状況やキャリア形成を見通したり，振り返ったりできるようにすることができるようなポートフォリオ的な教材などを活用して，自己評価や相互評価するなどの工夫が求められる。なお，生徒の自己評価や相互評価は学習活動であり，それをそのまま学習評価とすることが適切ではないが，学習評価の参考資料として適切に活用することにより，生徒の学習意欲の向上につなげることができる。 （中略） 　また，評価については，指導の改善に生かすという視点を重視することが重要である。評価を通して教師が指導の過程や方法について反省し，より効果的な指導が行えるような工夫や改善を図っていくことが大切である。 　また，特別活動の評価に当たっては，各活動・学校行事について具体的な評価の観点を設定し，評価の場や時期，方法を明らかにする必要がある。その際，特に学習過程についての評価を大切にするとともに，生徒会活動や学校行事における生徒の姿を学級担任以外の教師とも共通理解を図って適切に評価できるようにすることが大切である。

注：下線は小学校および中学校での記載の違いを示している。なお，高等学校の内容は中学校のものとほぼ同一のため，ここでは小学校と中学校のみを掲載した。
出所：文部科学省「小学校学習指導要領解説　特別活動編」2017年，p. 162。「中学校学習指導要領解説　特別活動編」2017年，p. 137。

　児童生徒に面接を行ったり質問紙によるアンケートを行ったりして，児童生徒の活動状況や思いを把握する方法です。それを計画的に実施することで，児童生徒の変容や，集団全体の傾向を把握することができます。また，保護者や地域を対象に実施することで外部からの評価を把握することもできます。

4 パフォーマンスによる評価

　レポートや新聞，ポスターにまとめて掲示したり，プレゼンテーションを行ったりする発表の場面を設定し，活動の成果を評価する方法です。教師が評価するだけでなく，児童生徒が互いの発表を相互評価する機会にもなります。その際，評価項目や評価基準を設けて達成状況を明確にしておくことが大切です。

3　特別活動の評価の実際

　特別活動では，各活動のねらいに即して，どのように達成状況を把握し評価したらよいのでしょうか。各活動や学校行事（さらに小学校では「クラブ活動」）におけるそれぞれの活動形態によって異なります。ここでは，学級活動，児童会・生徒会活動，クラブ活動，学校行事などのなかから，第1項は小学校の学級活動について，どのように児童生徒の達成状況を把握し，児童生徒一人一人にどのような力が身に付いたかどうか評価する方法を，第2項では，本章の冒頭で記載した「WORK」の回答例をご紹介します。

1 小学校の学級活動

①事前の活動における評価

　事前の活動として，学級活動ノートの記載や実態把握のためのアンケート調査の回答などから，児童の考えや関心・意欲・態度の状況を把握することがで

a とてもそう思う　　　b そう思う　　　c あまり思わない　　　d 全然そう思わない
①　学級の一員として活動に取り組もうとしていますか
②　話合いや集会など，協力し合って活動することができていますか
③　自分自身や学級のことで，見直さなければならないことがありますか
④　自分の生活をよりよくするために決めたことを，実践することができていますか

図13-1　学級活動への取り組みに関するアンケート調査（例）

出所：筆者作成。

きます。アンケート調査（図13-1）で把握した児童の状況は，頑張りを自覚させるなど指導につなげることが大切です。また，計画委員会の活動状況を観察して評価につなげます。

②本時（話合い活動）における評価

本時の話合い活動では，学習のねらいに沿って考え，適切に発言できているかなど活動の状況を観察し記録しておきます。また，児童生徒の相互評価や学級活動ノートに記入された児童の振り返りを評価の参考にすることができます。教師は活動の際に，適時適切に称賛したり指導・助言・支援したりすることが必要です。また，それらを記録して評価を蓄積しておくことも大切です。

③事後の活動（実践）における評価

話合い活動で決定したことについて，児童が自分の役割を果たしているか，協力して実践しているかなど活動の状況を把握して評価します。ここでは学級活動ノートに記入された児童の振り返りを評価の参考にしたり，前述のようなパフォーマンスによる評価を取り入れたりします。

2　中学校の事例：学級活動・生徒会活動

WORK で示した「いじめや暴力のない学級・学校づくり」を，担任として，学校としてどのように取り組み，どのように評価するのでしょうか。以下で，WORK の回答例として事例を見ていきます。

①事例1──学級で取り組むには

学級でアンケート（図13-2）を実施して生徒の実態を把握し，結果をもとに学級の問題について話し合います。学級で問題を共有して，改善方法につい

```
a 当てはまる    b だいたい当てはまる    c あまり当てはまらない    d 当てはまらない
① 人の嫌がることを言ったり，やったりすることがある
② 人の嫌がることを言われたり，やられたりすることがある
③ 先生や友だちにあいさつすることができる
④ 学級や学校の友だちとよい関係をつくれている
```

図13-2　生活を振り返るアンケート（例）

出所：筆者作成。

て話し合い，「人権標語づくり」を通して集団決定をします。以下に，その具体的な流れを示します。

(1) アンケート（図13-2）を実施します。

(2) アンケートを集計し，学級の問題について共有します。

(3) 問題の解決方法について，話し合います。ここでは，学級における生活改善のための意見をいくつかにまとめます。

(4) 「人権標語」づくりをします。

　　「自分の人権標語」をつくったあと，それぞれの「人権標語」を発表し，学級の代表となる「人権標語」を選びます。また，班で話し合って，班の代表となる「人権標語」を選んでから学級全体で話し合う方法もあります。

(5) 学級で決まった意見や「人権標語」を実践します。

(6) 活動の評価をします。

学級活動について評価をする際には，次のような事柄（例）について，振り返りをさせましょう。

• いじめのない学級づくりに向けて，人権標語をつくることができたか。

• 班の話合いや，全体の話合いに参加できたか。

• 話合いでは，司会に協力できたか。

• いじめのない学級づくりについて話し合うことは大切だと思うか。

また，実践について評価する際には，次のような活動（例）を通して，学級で決めたことが実践できているか振り返りをさせましょう。

• 帰りの会などで「学級での居心地セルフチェック」を行う。

• 学期の途中や終わりに，クラスで決めた生活改善のきまりが実践できているかを点検する。

```
a 当てはまる　　b だいたい当てはまる　　c あまり当てはまらない　　d 当てはまらない
①　学級での話合い（代表委員会での話合い）で自分のこととして考えることができた
②　話合いでは，司会に協力することができた
③　いじめや暴力のない学校づくりを学級や学校で実践していくことは大切だと思う
```

図13-3　活動を振り返るアンケート（例）

出所：筆者作成。

適切な学習評価のためには，児童生徒にねらいを明確に伝えることが大切です。また，話合い活動の場面だけでなく，それに向かうための学級委員会や班長会議においても同様です。さらに，児童生徒の活躍を記録に残すなどして学期や学年を通して学習評価できるようにすることも必要です。

②事例2──学校全体で取り組むには

学校生活の充実と向上を図るために生徒会活動として取り組みます。事例1の学級で話し合った改善策や「人権標語」を，学校全体で共有し，学校全体で集団決定をします。以下に，その具体的な流れを示します。

(1)　生徒会の代表委員会で，生徒の生活の課題を共有し学校全体でできる改善策を話し合います。

　　たとえば，学校全体で取り組む「心や環境を豊かにする活動」として，あいさつ運動や校内外の美化活動などが考えられます。

(2)　各学級で選ばれた「人権標語」を共有し，学校全体の「人権標語」を選びます。また，学年の学級委員全体会で話し合って，学年の代表となる「人権標語」を選んでから学校全体で話し合う方法もあります。

(3)　生徒会の代表委員会で決まった「人権標語」や活動を，生徒朝礼や生徒会便り，ポスターなどを通して，生徒全体に周知し，実践します。

(4)　活動の評価をします。

生徒会活動について評価する際には，次のような事柄（例）について，振り返りをさせましょう。

- 学校の人権標語をつくることができたか。
- 話合いや実践についての振り返りアンケート（図13-3）などを実施。
- 代表委員会の話合いに参加できたか。司会に協力できたか。

また，実践について評価する際には，「学期の途中や終わりに，生徒会で決

めた学校全体の取り組みや「人権標語」が実践できているかを点検する」といった活動等を通して，生徒会で決めたことが実践できているか振り返りをさせましょう。

　生徒会活動は，学級担任だけでなく，学年や学校全体の教員が担当しています。そのため，生徒の活躍を記録に残すなどして情報共有することが大切です。また事例1と同様に，ねらいを明確にして児童生徒に伝えることも大切です。

 まとめ ....

　本章は，特別活動における取り組みの評価・改善活動の重要性について，特別活動の評価に関しては，「学年進行などで学級担任が替わった際にこれまでの学習の成果が伝わらない」「学級担任以外の指導担当教員から学習の成果が伝わらない」「要録の記載方法がわからない」などの課題が少なからずあります。そうしたことから本章では，特別活動の評価をどのようにとらえて，どのように進めていくのかを具体的な事例を紹介しながら述べてきました。学習評価を通して，児童生徒が自らの成果や成長を実感し，資質・能力の育成に生かせるよう，また，学習評価によって教師自らが指導改善に生かせるよう，期待しています。

....

 さらに学びたい人のために

○三藤あさみ・西岡加名恵『パフォーマンス評価にどう取り組むか——中学校社会科のカリキュラムと授業づくり』日本標準，2010年。

　パフォーマンス評価に特化したブックレットです。中学校社会科のカリキュラムに関するパフォーマンス評価の実践的レポートですが，他教科にも応用できる内容となっています。パフォーマンス課題とは何か，ルーブリックとは何かが実践的にコンパクトにまとめられています。

○鈴木敏恵『ポートフォリオで未来の教育——次世代の教育者・指導者のテキスト』日本看護協会出版会，2019年。

　事例は看護教育に関するものが多いですが，教育委員会の内容も書かれていて，広くポートフォリオを学ぶために書かれています。一つの分野に特化していない分，一般的汎用的な方法が学べます。実践例が豊富ですので学校教育のさまざまな場面に応用できます。

第14章

家庭・地域社会や
関係機関との連携

・　・　●　●　学びのポイント　●　●　・　・

- 実践において，家庭・地域社会や関係機関と連携することの価値を学ぶ。
- 家庭・地域社会や関係機関と連携するうえでの留意点を学ぶ。
- 家庭・地域社会や関係機関と連携する際の準備や手続きについて学ぶ。

WORK　どんなゲストティーチャーを呼べるだろう

　学校外の方々のもつ専門的な経験や知識・技能を活用して授業を行うために，授業に招待した学校外の指導者のことをゲストティーチャーと呼びます。

　特別活動の各活動・学校行事では，どのようなゲストティーチャーを招いて授業を行うことができるでしょうか。

　内容を一つ選び，招待したいゲストティーチャーを考えましょう。

①個人で考える

　以下の項目に基づいて，ゲストティーチャーを考えます。

> ・授業を行う「校種」「各活動・学校行事」「内容」について，どのように設定しますか。
> 　（例：小学校／学級活動／(2)　日常の生活や学習への適応と自己の成長及び健康安全／エ　食育の観点を踏まえた学校給食と望ましい食習慣の形成）
> ・招待したいゲストティーチャーは，どのような人ですか。
> ・ゲストティーチャーを招くメリットとデメリットは何ですか。

②グループで考える

　4～5人組になり，各自が考えたゲストティーチャーについて発表します。その後，グループ内であがったゲストティーチャーのなかで，最も有効と思われるゲストティーチャーを決め，その理由を3点にまとめましょう。

③教室全体で考える

　グループで話し合った結果を発表し，「ゲストティーチャー選定のポイント」を5箇条にまとめましょう。

● 導　入 ● ● ● ・ ・ ・ ・ ・ ・

本章では，特別活動における家庭・地域社会や関係機関との効果的な連携について学びます。家庭・地域社会や関係機関と連携した実践は，児童生徒の意欲を高め，活動の可能性を広げることができる一方，配慮を怠ると児童生徒の自主性を損なう結果になることもあります。そこで，一つの実践モデルから，何をねらって家庭・地域社会や関係機関と連携するのか，実践にあたって気を付けることは何か，どのような準備が必要なのかについて学びます。そして，他にどのような家庭・地域社会や関係機関と連携した実践ができるか考えていきましょう。

1　実践モデルから考える家庭・地域社会や関係機関との連携

1　実践「大切な歯を守ろう」について

家庭・地域社会や関係機関とどのように連携を図って特別活動を実践すればよいのでしょうか。小学校第4学年の6月に取り組む，学級活動「(2)　日常の生活や学習への適応と自己の成長及び健康安全」の「ウ　心身ともに健康で安全な生活態度の形成」についての実践「大切な歯を守ろう」をモデルにして，考えていきましょう。

本実践は，保健に関する指導の題材として「歯の健康」について取り上げ，児童自身が歯の磨き方や歯磨きの習慣についての課題を発見し，互いに知恵を出し合って課題の解決方法を考え，児童一人一人に応じた具体的な改善計画を意思決定できるようにすることをねらいとしています。

一般的に，歯の健康の指導については，小学校低学年において，歯ブラシの持ち方や使い方，歯の生えている位置に応じた磨き方，6歳臼歯と奥歯の磨き方などが実施されています。本実践を行う小学校4年生の児童は，すでに基礎的な知識・技能について知っているはずですが，実際は，いい加減な方法や自己流になってしまっていることがよく見られます。また，多くの家庭では，小学校入学前から歯磨きについて習慣づけを行っており，児童自身も歯磨きの大

切さについて十分理解しているはずです。しかし，小学校4年生になって，やるべきこと，やりたいことが増えるなかで，つい億劫になって歯磨きを後回しにしたり，歯を磨き忘れたりしてしまいがちです。

本実践のねらいを達成するためには，これらの「わかっているけどできない」という状態を打破することが不可欠です。この問題に効果的に切り込むために，家庭・地域社会や関係機関と連携を図っていきます。

2 「年中行事や季節のイベント」と関連させて題材を設定する（連携①）

6月は例年，厚生労働省や文部科学省，医師会などの関係団体を中心に，歯や口の健康について，啓発活動が行われます。学校においても，虫歯予防のポスターや標語が掲示されるなど，児童の身の回りの生活において，歯の健康について見聞きする機会が数多くある時期です。

このタイミングで本実践を行うことで，児童は，違和感なく歯の健康という題材に向き合うことができるとともに，生活を送るなかで自然と高まった意識をもって活動に取り組むことができます。他の月に行うより効果的だといえるでしょう。

このように，家庭・地域社会で行われている年中行事や季節のイベントと関連させて題材を設定することは，特別活動においてとても有効です。

3 「授業参観・懇談会」を活用して保護者の協力を得る（連携②）

歯磨きについては，学校で給食後に一斉に行うこともありますが，基本的には，各家庭で行うものです。そのため，本実践により児童一人一人が意思決定した改善計画について，その取り組みを学級担任は直接見届け，支援することができません。児童にとっても，一度立てた計画を実際の行動に移さなかったり，中途半端なままにしておいたりすることは，負の経験を積むことになります。

そこで，保護者の協力を得て，家庭での見守りをお願いすることになるので

すが，学年通信等の文書だけで伝えるのではなく，実際に授業を参観してもらい，保護者にも実践のねらいを理解してもらうことは，大変効果的です。

　授業参観後に懇談会がある場合は，家庭での見守りについて直接お願いすることもできます。懇談会がない場合は，授業のねらいと家庭での見守りのお願いを書いた簡単な文書を用意し，廊下に置くなどして保護者に配布できるとよいでしょう。

4　ゲストティーチャーとして「専門家」や「本物」を招く（連携③）

　繰り返しになりますが，児童は，歯磨きの大切さについてよくわかっていますし，基本的な歯の磨き方も知っています。そのため，児童のなかには，同じ立場の人から，「歯の健康」というなじみのある題材について繰り返し指導されることをお説教のようにとらえてしまい，素直に聞き入れたり，真剣に取り組んだりできなくなる場合があります。

　そこで，本実践では，ゲストティーチャーとして「学校歯科医」を招き，歯科医師という専門的な立場から児童に対して指導・助言をしてもらいます。

　学校歯科医は，年度当初の健康診断において，児童の歯の健康状態について把握しています。児童にとっても，学校歯科医は，健康診断の時にお世話になっている「歯のお医者さん」という存在です。

　本実践においては，学校歯科医から，児童が発見した歯の磨き方や歯磨きの習慣についての課題や，児童が考えた課題の解決方法について，価値づけたり補足をしたりしてもらいます。児童は，その道のプロの発言一つ一つを重く受け止め，自信を深めたり，納得して理解したりするでしょう。また，児童が意思決定した具体的な改善計画について，学校歯科医が賞賛し，助言することで，実践への意欲を高めていきます。

　ここで注意が必要なのは，ゲストティーチャーが専門的な講義を一方的にしないようにすることです。学校歯科医にとっては，児童に対して専門的な話を短時間で理解できるように伝えるのは畑違いで難しいことですし，児童にとっても，わかりにくい話を聞き続けることは押しつけられているように感じ，改

善への意欲につながりません。学校歯科医と学級担任との間で事前の打ち合わせを十分に行い，授業の流れと役割分担について互いによく理解しておくことが重要です。

⑤ 授業における具体的な連携の様子について（連携④）

実践モデル「大切な歯を守ろう」の具体的な授業の流れは，次の表14-1の通りです。

この授業の流れからわかるように，ゲストティーチャーの具体的な役割は，「期待する」「事実を伝える」「価値づける」「賞賛する」「激励する」「助言する」「補足する」「正す」というものです。

児童が自ら発見した課題や，工夫して考案した解決策を専門家が「よく気付いたね」「よい考えだ」と認め，専門的な立場から「その考えは，実は……ということなんだよ」と価値を解説してもらうことは，児童にとって大変誇らしいことで，児童は課題解決への集中力が高まり，粘り強く取り組もうとする意思を強くしていきます。

また，専門的な見地から，児童が見落としてしまう課題の指摘や，児童の発想を後押しする助言，児童の考案した解決策をよりよいものにするための提案などを行うことは，学びを深めていきます。児童の考えが逆効果であったり，危険でやめたほうがよかったりするものである場合は，専門家から適切に正してもらうことで，児童は納得して受け入れることができるでしょう。

このように，ゲストティーチャーには，一貫して児童に寄り添いながら，専門性を発揮して授業に関わってもらうことが大切です。そのために，授業のなかで学級担任は，ゲストティーチャーと頻繁にコミュニケーションをとりながら児童の様子を情報共有し，児童とゲストティーチャーの間をつなぐパイプ役となるとよいでしょう。

ゲストティーチャーにとって，授業に参加することは大変緊張することです。ゲストティーチャーの不安を取り除くためにも，学級担任が授業の主導権をしっかりもって進行や時間の管理を行い，事前にゲストティーチャーと共有した

表14-1　授業の流れ

学習過程	学習活動	ゲストティーチャー（GT）の役割	指導上の留意点
事前	・給食後に歯を磨いておく。		・午後に授業を設定する。
課題の把握（5分）	1　先月に行われた歯科検診の結果から，学級全体の歯の健康状態を知る。 2　歯の健康を守る方法について，既習事項や知っていることを発表する。 3　歯の健康を守る方法を知っているのに，なぜ虫歯になるのか考え，課題を設定する。	・自己紹介と授業に期待することを簡単に話す。	・個人情報に留意する。 ・歯科検診の集計結果を図表や歯列の絵を使って端的に示す。 ・既習事項は，イラストやカードを提示して確認する。 ・歯科検診と関連づけながらGTを紹介する。
	〈課題〉　学校歯科医の先生とともに，自分の大切な歯を守るために，毎日気を付けて取り組むことを決めよう。		
原因の追求，必要性の実感（15分）	4　歯垢の染め出しを行い，磨き残しの様子を調べる。 5　給食後に歯磨きをしたにもかかわらず，磨き残しがある理由を発表する。	・歯科検診の際に気付いた磨き残しの様子を伝える。 ・児童の磨き残しの様子を観察し，具体的な課題をつかむ。 ・児童の発表を価値づけたり，補足したりする。	・円滑に染め出しができるように準備しておく。 ・ワークシートを配付し，鏡で磨き残しの様子を見ながら，歯列の絵に赤色を塗らせる。 ・児童の発表を短冊に書いて黒板に貼り，分類・整理する。
解決方法の話合い等（20分）	6　磨き残しを防ぐための具体的な方法について，グループで話し合う。 7　グループで話し合った結果をもとに，磨き残しを防ぐ方法について，学級全体で話し合う。	・児童の発意・発想を促進するよう助言して回る。 ・児童の考えた方法のよさを賞賛するとともに，不備を補足したり正したりする。	・原因別にグループで分担する。 ・「○○作戦」のように箇条書きで画用紙にまとめるようにする。 ・各グループの代表が，一斉に画用紙を黒板に貼るようにする。 ・児童やGTとの質疑応答を中心に話し合いを進める。
個人目標の意思決定（5分）	8　自分の磨き残しの実態に合った方法を選び，毎日取り組むことを具体的に決める。	・児童の意思決定した内容を価値づけ，激励する。	・意思決定したことについて，家庭で一週間挑戦することを伝える。 ・児童がGTにお礼の言葉を伝えるようにする。
事後	・授業後の休み時間に，意思決定したことを行いながら歯を磨き，染め出しを落とす。		

出所：筆者作成。

授業の目的の達成に向けて，臨機応変に対応していくことが重要です。

2 家庭・地域社会や関係機関と連携するために

1 学年内で相談してより効果的な連携へ

　家庭・地域社会や関係機関と連携した活動を行いたいと考えたら，まずは同じ学年の先生に相談してみましょう。先輩の先生からは，豊富な経験による助言がもらえるかもしれません。教育効果の高い連携であるならば，学年の児童全員が取り組んだほうがよいですし，連携にあたってはさまざまな手続きが発生しますので，分担した方が負担も軽減します。

2 管理職に説明し，承認を得て組織的な対応へ

　連携先の家庭・地域社会や関係機関は，一人の教師とではなく，学校という組織と連携するという認識でいます。学年内で相談し，実践することが決まった段階で，管理職に説明して承認を得ましょう。学校外と連携する際の窓口は，教頭（副校長）であることが一般的です。連携先へは，はじめに教頭（副校長）から連絡してもらい，詳細は担当が説明という形にすると，円滑に進むでしょう。活動当日，学校に招く場合は，校門での出迎えや玄関の掲示，校長室への案内等，児童生徒への指導がある学級担任以外の先生方にお願いすることになります。その際も，管理職の口添えがもらえるとよいでしょう。連携先への謝金の支払い等についても，管理職の協力が得られるかもしれません。

3 連携先との密な連絡で信頼関係の構築へ

　連携先の家庭・地域社会や関係機関は，学校の教育活動に携わることについて，責任とともに不安を感じています。打ち合わせ資料が整うまでの間もこまめに電話や電子メールで連絡を取り，安心してもらえるようにしましょう。打

ち合わせは，会場の様子を確認する意味でも現地で行えるとよいです。また，集合時間，集合場所，交通手段，服装，持ち物等，最低限の情報は，しっかり確認しておきましょう。

3 家庭・地域社会や関係機関と連携した実践のアイデア

1 「学級活動(1)・ホームルーム活動(1)」における連携

　たとえば，実践モデルのなかでゲストティーチャーとしてお世話になった「学校歯科医」に対して，児童がお礼をしたいという思いをもって学級に提案し，学級の仲間がその提案に賛同して話し合い，お礼の手紙を書いて渡すという活動が考えられます。お礼の方法は，手紙を渡すというものもあれば，学級に招待してお礼の集会を開くというものもあるでしょう。手紙や集会の内容も児童の発意・発想により，児童自身の手で進めていくことができるようにします。

　学級活動(1)・ホームルーム活動(1)[*1]の「学級（ホームルーム）や学校における生活づくりへの参画」では，活動の出発点において，児童生徒の「○○したい」という自発的な思いや願いが不可欠です。ゲストティーチャーにお礼をするという活動は，つい教師主導で行わせてしまいがちですが，児童生徒の自発的な動きを最大限に生かして，児童生徒自身が創意工夫しながら自治的に活動を進めるようにします。

　児童生徒がお礼を伝えたいと思う相手は，ゲストティーチャーの他にも，生活のなかでお世話になっている交通指導員や学校ボランティアなどが考えられます。学校生活の節目においては，保護者に対してお礼をしたいという思いがわくかもしれません。また，お礼以外に，「もっと知りたい」「親交を深めたい」という思いや願いをきっかけとして活動に取り組むことも考えられます。

＊1　「学級活動・ホームルーム活動」については，本書第5，6章参照。

2 「学級活動⑵・ホームルーム活動⑵」における連携

　学級活動⑵・ホームルーム活動⑵は「日常の生活や学習への適応と自己の成長及び健康安全」となっています。たとえば，実践モデルで取り上げた「心身ともに健康で安全な生活態度の形成」に関する内容については，学校医や学校歯科医に加えて保健所との連携もあるでしょう。また，飲酒・喫煙・違法薬物の防止や防犯，交通事故防止については，警察や交通安全協会，交通指導員や防犯ボランティアとの連携が考えられます。防災についての内容は，地域の消防署や消防団と連携してもよいでしょう。

　「望ましい食習慣の形成」に関する内容については，学校医や保健所との連携や，学校給食で使用している食材を生産している農家や学校給食センターの職員，学校給食を搬入している業者との連携が考えられます。

　地域社会や関係機関との連携にあたっては，直接授業に参加してもらうだけでなく，事前に教師が取材し，写真や映像などの資料による参加という方法もあります。

　「自他の個性の理解やよりよい人間関係の形成」に関する内容については，ファシリテーターとして外部講師を招いて，アクティビティやエクササイズを通して課題に迫るという授業を行うことがあります。その際は，手法をそのまま導入するのではなく，学級の実態に合わせてアレンジできるよう，外部講師と十分打ち合わせをすることが大切です。

3 「学級活動⑶・ホームルーム活動⑶」における連携

　学級活動⑶・ホームルーム活動⑶は「一人一人のキャリア形成と自己実現」となっていますが，そのなかの「進路の選択や勤労観・職業観の形成」に関する内容については，身近な年長者すべてが先生になれます。卒業生や保護者に協力してもらい，進級や進学における不安の解消に向けて，どのような準備や対応をしたのか教えてもらったり，働くことや社会に貢献することについて経験談を語ってもらったりすることが考えられます。

　清掃などの当番活動を切り口として働くことの意義について考えていく場合は，専門業者を講師として招き，プロとしての心構えや技，働きがいなどを学ぶことも有効でしょう。当番活動は，集団を維持するために必要不可欠な仕事を分担して行うものですが，児童生徒にとっては義務的で，やりがいをもって取り組むことが難しくなることもよくあります。その道のプロに接することで，当番活動に対する見方や考え方が大きく変わるでしょう。

　「学校図書館の活用」では，公共図書館との連携を図ることも一つの手です。

　なお，保護者との連携や特定の業種・職種を取り上げる場合は，児童生徒の家庭環境に十分配慮することが大切です。

4　「児童会活動・生徒会活動」における連携

　各委員会の活動内容に応じて，たとえば飼育や栽培に関する委員会では，地域の獣医師や園芸農家の方を招いて指導を受けたり，健康や保健に関する委員会では，学校医や学校歯科医，保健所等との連携を図ったりすることが考えられます。運動や体育に関する委員会では，季節に応じた運動について，スポーツ選手から技能や態度について学び，全校に広げる活動に取り組むこともあるでしょう。他にも，福祉に関する委員会では，広く社会に目を向け，ボランティア団体と連携しながら，全校で社会貢献活動に取り組むことも考えられます。

　また，学級活動(1)・ホームルーム活動(1)と同様に，学校生活のなかでお世話になっている方々に対して「お礼をしたい」「親交を深めたい」という思いや願いをきっかけにして，全校集会にお世話になっている方々を招待してともに楽しむ活動などに取り組むことが考えられます。

　どの活動においても，児童生徒の発意・発想を大切にし，児童生徒が創意工夫しながら自治的に進めていくことができるよう，教師はサポートしていくことが大切です。

5 「クラブ活動」における連携

　各クラブの活動内容に応じて，興味・関心の追求の一つとして，技能の向上等を図るためにゲストティーチャーを招くことが考えられます。クラブ活動は，技能の向上が主目的ではありませんので，活動するなかで児童から専門的な技術指導を受けたいという声が上がってはじめて検討することになります。ゲストティーチャーを招く際は，共通の興味・関心を追求する先輩として，家庭や地域の方々に声をかけることも考えられます。近隣の中・高等学校の部活動と連携するのも一つの手です。

　また，各クラブが活動の成果を発表する際に，保護者や地域の方々を招待することが考えられます。たとえば，音楽や絵画に関するクラブは，近隣の公民館などで発表するのもよいでしょう。

　クラブ活動は，クラブごとに活動費を徴収することもあります。その際は，保護者に適切に説明し，理解を得ることが大切です。

6 「学校行事」における連携

　学校行事は，たとえば音楽会や運動会で保護者や地域の方々を招待したり，校外学習や職場体験活動で地域社会に出向いたりするなど，その内容の多くで家庭・地域社会や関係機関と何らかの連携を図って実施されます。学校行事の目標にある「公共の精神を養う」ためにも，家庭・地域社会や関係機関と連携する価値や意義について，体験活動のなかで児童生徒が実感できるようにすることが大切です。

　また，学校行事で家庭・地域社会や関係機関と連携した経験をきっかけとして，学級活動・ホームルーム活動や児童会活動・生徒会活動，クラブ活動につなげることもできるでしょう。

 まとめ ・・・
　家庭・地域社会や関係機関と連携して実践する際は，児童生徒の実態を把握し，

児童生徒の思いや考えに寄り添った形で行うことが大切です。そのために，連携先と事前に十分打ち合わせを行い，活動の目的について共通理解を図ります。また，活動の際は，連携先に任せてしまうのではなく，教師が主導権を握って進行や時間の管理などを行いましょう。家庭・地域社会や関係機関と連携した実践を計画する際は，同じ学年の先生や管理職と報告・連絡・相談を密に行い，組織として責任をもった対応ができるようにすることが重要です。

 さらに学びたい人のために

○熱海則夫ほか（指導・監修），石塚忠男ほか『学校週5日制とこれからの小学校特別活動——学校と家庭・地域社会を結ぶ特別活動』国土社，1993年。

　　学校が週5日制になったとき家庭や地域とどのように結びつけばよいかが書かれています。これまで学校と家庭と地域はそれぞれの屋根の下で展開されていましたが，5日制を契機に同じ屋根の下で教育を考えていくという発想の転換が提案されています。

○金山康博『学力UP！ 明日からできる地域連携30のアイデア』日本標準，2011年。

　　小・中学校の校長先生が「地域連携」を進めるためのアイデアを具体例を用いて示しています。初級編，中級編，上級編と3部構成で，それらのなかに10ずつ実践アイデアがあり，合計30書かれています。どれもこれまで実践されてきたものですので，すぐにでも使えるアイデアばかりで参考になります。

第15章

特別活動の国際比較

・　・　・　学びのポイント　・　・　・

- 日本の特別活動が諸外国からどのように評価されているかがわかる。
- 諸外国の特別活動の事例を知り，日本の特別活動との異同について理解する。
- 国際比較を通して日本の特別活動の特徴を相対化できる。
- 国際比較を通して日本の特別活動の課題をあげることができる。

WORK　特別活動を外国にアピールしてみよう

1．特別活動の特色

　外国の方から「日本の特別活動の特色は何ですか」と聞かれたら，あなたはどう答えますか。「特別活動」を英語でどう訳すかも含めて考えてみましょう。

①個人で考える

（英語表記案：　　　　　　　　　　　　　　　　　　）

②グループで深める

　2～4名のグループに分かれて，お互いの案を紹介しましょう。

2．特別活動が苦手とする教育

　日本の特別活動が苦手とする教育は何だと思いますか。具体的な事例をあげてみましょう。

①個人で考える

②グループで深める

　2～4名のグループに分かれて，それぞれの考えを紹介しましょう。

● 導　入 ● ● ● ・ ・ ・ ・ ・

　本章では，国際比較を通して日本における特別活動の特徴と課題について考えます。まず，近年諸外国において，日本の特別活動（TOKKATSU）が着目されるようになったことを紹介し，諸外国の学校では日本の特別活動（教科外活動）に類する取り組みがどのようになされているのか，あるいはなされていないのかについて概観します。次に，諸外国における特別活動の例として，アメリカ，ドイツ，韓国を事例にあげ，それぞれの国でどのような実践がなされているのかを紹介します。そして，最後に，世界的な潮流として特別活動が注目されるようになった背景を確認しつつ，日本の特別活動の特徴と今後の特別活動を考えるうえでの課題について考えます。

・ ・ ・ ・ ・ ・ ・ ● ●

1 世界から注目される「TOKKATSU」

　みなさんは「TOKKATSU」をご存知でしょうか。英語にすると細かなニュアンスが伝わらないため，日本語をそのままローマ字表記する「KIMONO（着物）」や「SAKE（酒）」のように，実は世界各国から日本の特別活動が「TOKKATSU」として注目されています。日本の特別活動が「TOKKATSU」として注目されるようになったのは，海外の研究者が日本の子どもたちの学力の高さとともに，規範意識や社会性の高さに特別活動が関係しているのではないかと着目したことがきっかけです。それでは，そもそも外国の学校には，日本の特別活動のような教育実践はないのでしょうか。

　1993年に行われた特別活動に関する国際調査では，各国における特別活動の実施状況に次のような傾向があるとしています。[*1]

○　アジア諸国：東アジア，東南アジア諸国では，クラブ活動，児童会活動，学級活動，学校行事いずれについても，概ね盛んに行われており，しかも教育課程のなかにフォーマルに位置づけられている場合が多くなっています。

＊1　吉田正晴ほか「「特別活動」に関する国際比較——初等教育を中心として」『比較教育学研究』19，1993年，pp. 122-124。

しかし南・西アジア諸国では，学校行事はある程度行われているものの，その他の活動はあまり行われていません。

○ オセアニア諸国：これらの国々では，アメリカの統治領である北マリアナ諸島やフィジーを中心に，学校行事をはじめとしてある程度盛んに行われています。

○ アフリカ諸国：これらの国々では全般的に盛んとはいえませんが，クラブ活動，学校行事はある程度行われています。

○ ヨーロッパ諸国：北欧諸国では，児童会活動がすべての国で行われているなど，全般的に盛んに行われています。また東欧諸国においても，学級活動はやや低調であるものの，その他の活動については学校行事を中心としてある程度盛んに行われています。しかし北欧を除く西欧諸国においては，学校行事は多少見られるものの全般的に低調であり，なかでも児童会活動はまったく見られません。

○ アメリカ諸国：北米諸国では，クラブ活動，学校行事を中心としてある程度盛んに行われています。またカリブ諸国では全般的に盛んとはいえませんが，学校行事，とりわけクラブ活動はかなり行われています。しかしラテンアメリカ諸国では，学校行事は多少見られるものの全般的に低調であり，児童会活動，学級活動はほとんど見られません。

この調査が行われた1990年代の時点で，地域によっては，これまで培われてきた教育制度や文化的背景のために，特別活動が学校教育に含まれないケースがあったことがわかります。たとえば，ドイツでは，学校では勉強し，スポーツなどのクラブ活動は帰宅後，地域のスポーツクラブなどで楽しむという文化があるため，学校はお昼過ぎに終わります。一方イギリスでは古くから心や体も健康で教養のある優れた人格を育てるのに重要であるとして，チームスポーツなどの多様なクラブ活動を「課外活動」として導入してきました。フランスではスポーツを学ぶという教育課程がないため，基本的に学校には運動場がありません。

日本の学校では当たり前のように行われている「学校掃除」も，世界の学校を見ると必ずしも当たり前ではありません。世界の学校での学校掃除の実態を

216

調査した沖原（1978）によると，欧米など多くの国では児童生徒が掃除をする，という習慣はまったくないといいます。イギリスやフランス，アメリカやオセアニア諸国，アラブ諸国においても学校掃除は「清掃する人」が行います。それに対し，日本や韓国，中国，タイ，ミャンマーなどアジアの国々では，一部の学校では清掃業者が行うことがあるものの，多くの学校では児童生徒が学校掃除を行う文化が残っています。このことについて沖原は，「仏教掃除観」が掃除という教育様式を形成したと説明しています。すなわち，仏教的な観点から，掃除は「心を磨く重要な手段の一つ」であるとみなされてきたのです。欧米ではこうした掃除観が定着していないために「掃除」は学校教育の範囲に入らないととらえられるわけです。[2]

近年では，国際協力機構（JICA）や政府が取り組む「日本型教育の輸出」の努力もあり，エジプトや東南アジアの国で，日本式教育モデルを取り入れようとする動きがあります。[3]とくに係活動や学校掃除は，「TOKKATSU」の一部として，注目されています。それらの国々では，当初掃除については「子どもを働かせるべきではない，子どもがやることではない」という考えから，保護者から反対の声がありました。しかし学校で学んだ子どもたちが家庭でも掃除を始めたことで理解が得られたと言います。この他にも，世界の学校では，これまで学校では行ってこなかった諸活動——日本では特別活動が担ってきた諸活動——が学校教育のなかに取り込まれていく傾向にあり，その意味で学校の機能は拡大傾向にあるといえるのです。

2　外国の「特別活動」：アメリカ，ドイツ，韓国の事例

それでは，具体的に外国における「特別活動」を見てみましょう。外国では「特別活動」という用語が使われているとは限りませんので，ここでは「特別活動」に類似する活動について見ることにします。[4]

＊2　沖原豊（編著）『学校掃除——その人間形成的役割』学事出版，1978年。
＊3　日本式教育モデルの「輸出」はJICAを中心に行われている。国際協力機構（JICA）https://www.jica.go.jp/index.html を参照。

　アメリカ合衆国（以下，アメリカ）の学校制度は州や学区によって異なります。日本の学習指導要領に相当する国家基準の教育課程はありません。教育課程は州教育委員会が一定の枠組みを定めますが，多くは「学区」教育委員会に教育課程を定める権限が委譲されています。どのような教科を何時間教えるのかは州や学区によって異なるのです。

　アメリカの学校は秋（9月上旬頃）から始まり，翌年の6月頃終業を迎えます。入学式や卒業式（高校では卒業式が大々的に開催されます）はありませんが，年間を通じてコンサート，演劇，スポーツ大会，慈善ボランティア活動などの行事が行われています。小学校ではスクールバスを使った遠足もあります。ただし，全員参加を強制するような行事や一つの行事のために長い間準備するようなものはありません。スポーツ大会では，団体戦を重視するのではなく，個人を表彰します。

　アメリカのスクール映画などでも描かれますが，日本の高校にあたるハイ・スクールでは，部活としてバスケットボール，アメリカンフットボール，チアリーディング，さらには生徒会，新聞部，科学部などが盛んで，全国規模の大会も開催されています。1920年代にこれらの活動は，時間割の一部に組み込まれるようになり，履修することにより単位が出されるようになりました。アメリカでは教科学習でフォローしきれないことを学ぶ場としてクラブ活動が重視されてきたという歴史があります。近年，アメリカで部活動やボランティア活動経験などが大学進学時に評価対象になったこともクラブ活動が盛んになった理由の一つでしょう。大学に進学を希望する場合，受験生は大学入学適性試験を受験しますが，その試験結果や学校での学業成績だけではなく，課外活動やボランティア活動でどのような経験をしたのかという側面も評価対象になっているのです。

＊4　各国の教育制度については，文部科学省（編著）『諸外国の初等中等教育』明石書店，2016年などを参照。

2　ドイツ連邦共和国

　ドイツの正式名称は，「ドイツ連邦共和国」（以下，ドイツ）です。その名の通り，ドイツの教育行政は文化連邦主義を採用しており，地方分権が徹底されています。教育制度については16州ある各州において定められ，教育課程も州ごとに異なります。したがって，「ドイツ」を一括りにして特別活動の有無を述べることはできませんが，ドイツの多くの学校には日本の特別活動のような活動はないとされてきました。

　ドイツの多くの学校では入学式，卒業式などの儀式的行事は行われません。その代りに基礎学校（４年制の初等教育機関）の入学の日には，地域の教会で入学礼拝（ミサ）が行われます。他の宗教を信仰する場合はもちろんキリスト教徒であってもミサに参加するかどうかは家庭の自由です。クラブ活動や部活動，文化祭や運動会も日本のように活発とはいえません。修学旅行や遠足は一部の州で行われているようですが，特別活動の多くの部分がドイツにはないことになります。

　そもそも地方分権が徹底されているため，ドイツには国家レベルの教育課程はありませんでした。しかし，2001年の「PISA ショック*5」以降，教育改革が行われ，2002年に基礎学校，基幹学校，実科学校の各修了段階の到達目標を示す教育スタンダードが策定されました。この教育スタンダードは，ドイツのすべての州に対し拘束力をもつという意味で大きな改革でした。ドイツの学校は原則として昼過ぎに授業時間が終了する「半日制*6」ですが，「PISA ショック」以降，学力低下の要因として家庭での学習環境や言語環境，とりわけ移民家庭の不適切な学習環境が指摘されました。従来の半日制では子どもが家庭で過ごす時間が長くなり，その分，子どもに対する家庭の影響も大きくなるとして，

＊5　PISA ショック：OECD（経済協力開発機構）が行った学習到達度調査（PISA）で，自国の生徒の学力が落ちたということがそれぞれの国で社会的に大きなショックとして受け止められたことを指す。これ以降，各国で「学力」向上策が出された。
＊6　ドイツでは朝８時頃から自由学習や読書の時間が始まる。午前中には90分のブロックの授業が２コマ，お昼にも45分ブロックの授業が行われる。休憩時間に家から持参したスナックなどを食べるため，昼食の時間はない。したがって，半日制でも週の授業時間は25時間程度確保されている。

連邦がイニシアチブをとり「終日制」教育プログラムの普及策を打ち出しました。終日制の学校では，午後の時間に補修や課外活動を実施するようになりました。このことにより，学校の役割は拡大しています。

　ドイツの教育課程には，学級活動や児童会活動に関する記述はありません。学級活動や児童会活動は，学校や学級担任の裁量によって行われているケースがあるという程度です。「重点時間（Schwerpunktstunde）」という教師の裁量に任された時間に，クラス内の組織や学級生活の問題が生じた場合には，そのことについてクラスで話し合うこともあるようです[*7]。重点時間は，子ども同士が互いをよく知る時間としても使われているようで，学級活動の実践に近いと思われますが，いずれにせよ，教育課程には含まれていません。

３　大韓民国

　大韓民国（以下，韓国）の学校制度は６‐３‐３‐４制がとられていることや国家基準の教育課程が定められていることなど，日本と類似する点が多くあります。教育課程に長らく特別活動が位置づけられてきたという点も日本と同様です。

　韓国では，2009年版教育課程で，グローバル創意人材の育成を掲げ，現行の2015年版教育課程（2017年度から現場に順次適用）では，DeSeCo[*8]のキー・コンピテンシーを参考にした「核心力量」の育成が目指されています。この核心力量は，自己管理能力，知識・情報処理能力，創造的な思考力，感性，コミュニケーション能力，コミュニティへの貢献などから構成されます。「核心力量」を形成するうえでキーとなるのが，2009年版教育課程で新設された「創意的体験活動」という領域です。この領域は，これまでの教育課程にあった「創意的

＊7　山田真紀「児童会活動の実践に関する国際比較研究——フランス・ドイツ・オーストラリアの初等教育に注目して」『日本特別活動学会紀要』17，2009年，pp. 39-48。

＊8　DeSeCo：OECD（経済協力開発機構）が1997年にスタートさせたプロジェクト（2003年に最終報告が行われた）で，Definition and Selection of Competencies：Theoretical and Conceptual Foundations（コンピテンシーの定義と選択：その理論的・概念的基礎）の略称。同プロジェクトでは，「キー・コンピテシー」が定義され，PISA調査の概念枠組みの基礎となった。

表15-1　韓国の創意的体験活動の活動内容

分　類	活動内容
自律活動	適応活動，自治活動，行事活動，創意的な特色ある活動など
サークル活動	学術活動，文化・芸術活動，スポーツ活動，実習活動，青少年団体活動など
ボランティア活動	校内ボランティア活動，地域社会ボランティア活動，自然環境保護活動，キャンペーン活動など
進路活動	自己理解活動，進路情報収集活動，進路計画活動，進路体験活動など

出所：文部科学省『諸外国の初等中等教育』明石書店，2016年，p. 288。

裁量活動*9」と「特別活動」を統合したものです。「創意的体験活動」は初等学校から高校まですべての学校段階において設けられています。創意的体験活動の内容は，表15-1の通りです。

　もう少し具体的に見てみましょう。創意的体験活動の活動内容は，「自律活動」「サークル活動」「ボランティア活動」「進路活動」の4つから構成されています。自律活動は，「各種行事，創意的な特色ある活動に自発的に参加し，変化する環境に積極的に対処する能力を育み，共同体の構成員としての役割を遂行する」とされ，日本における学級活動や児童・生徒会活動，学校行事が含まれています。サークル活動は，「サークル活動に自律的・持続的に参加し，各人の趣味と特技を創造的に開発し，協同的な学習能力と創造的な態度を育む」とされ，クラブ活動に近い領域です。ボランティア活動は，「隣人や地域社会との分かち合いの活動を実践し，また自然環境を保護する生活習慣を形成して，共に生きる人生の価値を理解する」とされています。進路活動は，「興味と素質，適性を把握して自身の本性を確立し，学業と職業に対する多様な情報を探索して自身の進路を設計，準備する」と定められています。

　日本ではキャリア教育に関わる記述は学級活動に，ボランティア活動に関わる記述は学校行事にありますが，韓国では，ボランティア活動と進路活動が領域化されています。また，学級活動や児童会・生徒会活動，学校行事は自律活

＊9　「裁量活動」は教科に関する深化・補充学習を行う「教科裁量活動」と学校ごとの特性や児童・生徒のニーズに応じて教科横断的な学習と自己主導的学習を行う「創意的裁量活動」に分けられる。「創意的裁量活動」の内容は日本の総合的な学習の時間に類似している。

動にまとめられていますので，両国における各活動の扱いに差が見られます。

　ちなみに韓国では，「部活動」は行われておらず，教育課程の一環としてクラブ活動が行われています。中学や高校で部活動を行うことも稀で，体育系高校を除いてはほとんど設置されてないのが現状です。[*10]

　このようにいくつかの国を具体的に見てみると，日本の特別活動に類似する内容は，必ずしも外国の学校で行われているわけではなく，むしろ教育課程に明確に位置づけられているということの方が実は珍しいことがわかります。

3 国際比較から考える特別活動の課題

　国際比較を通してみると，特別活動に類する活動が教育課程に位置づけられている国はそれほど多くありません。しかし，日本国内のみならず外国においても特別活動の領域は注目されており，そのような活動が徐々に学校に取り込まれつつあります。学校の役割が拡大していると言うこともできるでしょう。この背景には，非認知スキル（non-cognitive skills）[*11]や，アクティブラーニングを学校現場でどう行うかといったことへの関心の高まりがあります。

　OECD の DeSeCo プロジェクトで提示された「キー・コンピテンシー（key competencies）」や，アメリカにおいて展開されている21世紀型スキル運動など，[*12][*13]教育の革新を目指すこれらの資質・能力観の提示は，諸外国の教育改革に大き

＊10　本章では扱わないが，生徒指導について，韓国では1958年にガイダンスの概念が導入されており，生活指導や職業・進路指導の取り組みが学校で行われてきた。

＊11　**非認知スキル**：定義は多様であるが，たとえば，OECD（経済協力開発機構）は，「Skills for Social Progress : The Power of Social and Emotional Skills」（2015）で，人のスキルを認知スキルと非認知スキルに大きく整理してとらえており，後者を「社会情動的スキル（Social and Emotional Skills）」と呼んでいる。このスキルは「長期的目標の達成」「他者との協働」「感情を管理する能力」の3つの側面に関する思考，感情，行動のパターンであり，学習を通して発達し，個人の人生ひいては社会経済にも影響を与えるものとして想定されている。

＊12　**21世紀型スキル運動**：主にアメリカを中心に次代に必要なスキルを定義しようとした運動で，新たな社会をデジタル化されたネットワークのなかで協働して問題を解決する社会ととらえ，ICT リテラシーを含めた資質・能力を育成しようとした運動を指す。

＊13　Trilling, B. & Fadel, C. (2009). *21st Century Skills : Learning for Life in Our Times.* John Wiley & Sons.

な影響を与えています。そこでは，批判的思考力，問題解決力，自己調整力といった認知的スキルに加えて，コミュニケーションスキル，協働する力などに代表される社会的スキル，自律性，協調性，責任感などの特性・態度があげられています。本章でみた3か国でも教育課程の編成原理や教育方法などにこれらの影響が見られます。グローバル化する社会を生き抜く「資質・能力」をどのように定義し，教育課程に反映させるのかという問いは，どの国でも共通しています。二宮（2014）はこれを「教育課程の世界標準化・国際標準化」と表現しています。[*14]

　これまで一般的にイメージされてきた「学力」の概念は，教科内容に即して形成される認知的能力に限定してとらえられがちでした。しかし，上記に示された「資質・能力」は，非認知的要素を含むため，教科横断的あるいは教科外領域も含め学校生活全体で育成すべきものという志向性を有しています。これが特別活動の領域が注目される一つの要因です。また，より実際の問題の解決に焦点を当てるものとして，PBL（Project Based Learning：プロジェクト・ベースド・ラーニング）と呼ばれる，実社会に存在する課題に対してその解決を図る学習プロセスが注目されています。「板挟み」や「想定外」を経験しながら，「折り合い」を付けていく力を養おうとするものです。世界的に注目されるこうした「新しい」学習プロセスについてどう考えればいいでしょうか。ヒントは，特別活動を通して長らく実践してきた学習プロセスにあるのではないかと思っています。教員や子どもたちにとって学級は大切な実社会の一部です。学級で生じる「板挟み」や「想定外」を対話（話合い活動）によって解決する実践は日本において根付いた学習プロセスです。「TOKKATSU」として学校掃除や運動会などの行事が取り上げられることが多くありますが，特別活動が大切にしてきた学級活動や児童会・生徒会活動にも21世紀を生き抜く力を育てるキーがあるのではないでしょうか。

　日本の学校について研究をつづけるキャサリン・ルイスは，今から30年も前に日本の教育が全人的（whole）な志向をもつことに言及しています。ルイス

＊14　二宮皓（編著）『新版　世界の学校——教育制度から日常の学校風景まで』学事出版，2014年。

は，日本の学校教師が年度初めに勉強よりも「学級づくり」を通して教師と子ども，子どもと子どもの信頼関係（つながり）を構築することに力を注いでいることに驚きます。アメリカではいわゆる「勉強」以外の，社会性や人格に関すること（たとえば「仲のよいクラス」「思いやりのある学級」「友だちを大切にする」など）を学級目標にすることはなく，教師自身もそれを念頭に教育することはないと指摘します[15]。

　現在では，こうした社会性や人格など「勉強」以外の教育が注目されるようになっていることはすでに述べましたが，実は30年以上前からこうした教育が日本の特徴であると評価されてきたのです。国際比較を通してみると，日本において特別活動が教育課程に位置づいており，全人的な教育活動として実践が積み重ねられてきたことは世界のなかでも「先進的」であるといえるでしょう。そのことを最も認識できていないのは実は我々日本人なのかもしれません。

　日本の特別活動は教育課程において明確に位置づけられてきましたし[16]，学校教育においても大きな役割を担ってきました。各国で，既存の教科の枠組みでは対応できない学びが求められるようになるなかで，教科外領域や教科横断的領域は間違いなく注目されています。しかし，特別活動がさまざまなことを請け負うようになり，これまで担ってきた活動が時間的にできなくなることは避けなければなりません。特別活動は「何でも屋」でもなければ，万能ではないからです。したがって，教育課程が国際標準化するなかで，改めて日本の特別活動の強みを考えておく必要があると思います。そして合わせて重要なことは，日本の特別活動が苦手とする教育について考えておくことです。それは特別活動の輪郭をはっきりさせることにもつながるからです。

 まとめ ･･･

　本章では，諸外国の特別活動を確認することを通して，日本の特別活動の特徴と課題を明らかにしました。日本の特別活動に類似する実践は，必ずしも学校で行われているわけではなく，むしろ教育課程に明確に位置づけられているということは

＊15　Catherine C. Lewis (1995). *Educating Hearts and Minds : Reflections on Japanese Pre-school and Elementary Education,* Cambridge University Press.
＊16　教育課程の位置づけについては，本書第3章参照。

珍しいほどです。しかし，世界的な潮流として，新たなスキルや能力が求められる
ようになるなかで，教科外領域が注目されるようになっている点は共通です。日本
の特別活動がこれまで蓄積してきた実践について，改めて見直し，日本の特別活動
の強みと弱みを考えておくことが重要です。そのためには諸外国との比較を通した
分析が有効な手立てとなります。

 さらに学びたい人のために

○二宮皓（編著）『新版　世界の学校──教育制度から日常の学校風景まで』学
事出版，2014年。
　　22か国・地域の学校について，わかりやすく解説しています。教育制度をは
じめ日常学校風景や学校の空間，学校の「教育様式」について比較できるよう
になっています。また，各国の教科外活動を知ることができます。

○文部科学省（編著）『諸外国の初等中等教育』明石書店，2016年。
　　アメリカ，イギリス，ドイツ，フランス，中国，韓国および日本の初等中等
教育制度の現状と改革動向をまとめた基礎資料です。各国の教育制度，教育内
容・方法等について比較可能な総括表や資料が掲載されています。

○Ryoko Tsuneyoshi et al. (ed.) (2019). *Tokkatsu : The Japanese Ed-
ucational Model of Holistic Education*, World Scientific.
　　特別活動に対する外国からのニーズに対応すべく，日本の特別活動について
英語で紹介したものです。東京大学の恒吉遼子研究室の Tokkatsu ウェブサイ
ト（http://www.p.u-tokyo.ac.jp/~tsunelab/tokkatsu/）も参考になります。

第16章

学習指導要領とコアカリキュラム

● ● ● 学びのポイント ● ● ●

・教職課程コアカリキュラムの「特別活動の指導法」について理解する。
・学習指導要領「特別活動」に基づいて学習指導ができるようになる。
・教職課程コアカリキュラムと学習指導要領の関連について知る。

WORK	学ぶ内容や時期は誰が決める？

　以下の１．２．について，まずは個人で考えましょう。その後，２〜３人のグループで意見を交換してみましょう。

１．小学生の頃の学習を思い出してみよう
　①　小学校では全国どこの学校でも学級活動を行います。どうしてでしょうか。

　②　学級活動の内容は誰が何を根拠として決めるのでしょうか。

　③　日本全体では，学習する内容は誰がどういった目的で決めているのでしょうか。

２．大学の教員養成課程での学習を考えてみよう
　①　大学の教員養成課程の「特別活動」は，何年生で取り組むのでしょうか。また，取り組む学年は大学によって同一なのでしょうか。あなたの大学や，他大学のシラバスを調べてみましょう。

　②　大学の教員養成課程の「特別活動」ではどのようなことを学習するのでしょうか。大学によって内容は異なるのでしょうか。あなたの大学や，他大学のシラバスを調べてみましょう。

　③　学習する内容は誰がどういった目的で決めているのでしょうか。

● 導　入 ● ● ● ● ● ● ●

　教職課程コアカリキュラムの概念から学習指導要領をとらえ，特別活動の位置づけを明確にします。なお，教職課程コアカリキュラムとは，教員資格の付与に当たる教職課程のあり方を示したものです。教員養成における全国的な水準の確保のために，大学が教職課程を編成する際に参考とする指針として，関係者によって共同で作成されました。この指針で特別活動がどのようにとらえられ，学習指導要領とどのように関連しているのかということについて，本章を通して考えを深めていきたいと思います。

● ● ● ● ● ● ● ● ●

1 教職課程コアカリキュラムとは

1 教職課程コアカリキュラムとは何か

　「特別活動」を学ぶみなさんは，この授業で学ぶ内容がどのように決められているか知っているでしょうか。ついこの間までは，大学ごとに教える内容（学習目標）が異なっていてもよかったのです。そして，いろいろな授業が各大学の教員の工夫によって行われていました。しかし，これからは教職課程での学びはある程度共通したものになります。その基盤となるものが教職課程コアカリキュラムです[*1]。ただし，すべてが一緒の内容になるのではなく，教職課程コアカリキュラムの内容を時間内に指導できれば，残りは独自性を出して授業をすることもできます。

　教職課程コアカリキュラムは，教員養成の全国的な水準の確保のために教職課程で共通的に身に付けるべき最低限の学修内容を定めたものです。2016年に「教職課程コアカリキュラムの在り方に関する検討会」が設置され，教職課程コアカリキュラムのあり方が検討されました[*2]。では，教職課程コアカリキュラムによる全国的な水準の確保はなぜ必要だったのでしょうか？

＊1　教職課程コアカリキュラムは，教育職員免許法および同施行規則に基づいて作成される。

先に教職課程コアカリキュラムが求められてきた社会的な背景や目的を述べました。これまで学生のみなさんは，各大学で違うことを習ってきたという事実を知らなかったかもしれません。しかし，これらの背景や目的を理解したうえで，自分たちがこれから学ぶべき内容がある程度決まっているという事実をなぜ知っておく必要があるのかということについて考えてみましょう。

日本におけるコアカリキュラムは，教職課程以外の分野でも定められています。たとえば，医学教育，獣医学教育，法科大学院教育等です。このような専門分野と並んで，教職という専門性における「共通の学びをもって現場に出る」ことの意義や重要性は，日本の児童生徒の機会均等と学力水準維持の基盤となるという点にあります。

3 海外の動向

教職課程コアカリキュラムに類するものとして，たとえばアメリカのニューヨーク州では，「教師教育の認証プログラムのための教育的コア要件」（Pedagogical Core Requirements for Programs Leading to Certification in Teacher Education）が設定されています。[3][4]ここでは，幼児教育，小学校教育，中学校教育，高等学校教育，特別支援教育など教育職員免許状のつながるプログラムが示されています。

教員の資格取得については，教職課程全体に関わる一般的な内容と免許別のプログラム固有の内容に分かれています。一般的な要件は12あり，要約して紹介すると①学習環境，②教室管理，③特別支援教育，④英語教育，⑤カリキュ

＊2　教職課程コアカリキュラムの在り方に関する検討会「教職課程コアカリキュラム」2017年。

＊3　Pedagogical Core Requirements for Teacher Preparation Programs　http://www.nysed. gov/college-university-evaluation/pedagogical-core-requirements-teacher-preparation-programs（2019年7月4日閲覧）。

＊4　教職課程コアカリキュラムの在り方に関する検討会「教職課程コアカリキュラム（付資料，参考資料）」2017年。

ラム開発，⑥教育方法・技術，⑦学習評価，⑧教育史・哲学，⑨教科教育，⑩
児童虐待防止，⑪薬物乱用防止，⑫暴力行為防止です。なお，免許別のプログ
ラム固有の内容のなかにはフィールドワーク・教育実習があります。

　このように，ニューヨーク州の場合，⑩児童虐待防止，⑪薬物乱用防止，⑫
暴力行為防止など，生徒指導に関する内容が日本よりも充実しています。

　ここまで見てきたように，教員養成のカリキュラムは国や地域によって異な
るものの，教職課程コアカリキュラムに類する教員養成の基準はそれぞれの国
や地域で設定されていることがわかります。つまり，国や地域においてその時
に抱えている社会的な問題や教育課題が反映されることが重要だといえます。
今回日本で，2017年に教職課程コアカリキュラムが公表され，導入されること
になった理由も，こうした教育課題への対応だといえます。

2 特別活動の位置づけ

■1■ 特別活動のコアカリキュラムにおける位置づけ

　では，コアカリキュラムにおいて，「特別活動」はどのように示されている
のでしょうか？　特別活動は教職課程コアカリキュラムでは，「特別活動の指
導法」という名称です。「特別活動の指導法」を含む教職課程コアカリキュラ
ム作成にあたってのカリキュラムマップのイメージは図16‐1のようになりま
す。「特別活動の指導法」は道徳，総合的な学習の時間等の指導法および生徒
指導，教育相談等に関する科目群の一つです。カリキュラムマップは，1年時
から卒業までに知識を積み上げるイメージで作成されています。このカリキュ
ラムマップでは，教育の基礎的理解に関する科目から始まり，教育実習に関す
る科目で完了します。「特別活動の指導法」は，「各教科・保育内容の指導法」
とともに学部中盤で学ぶ科目として設定されています。

　つまり，特別活動は教職科目のなかで基礎的な学びを行った後，教育実習等
の前に学ぶという位置づけにあります。なぜなら教職の意義などの基礎的なこ
とを生かして具体的な教育方法を身につける科目だからです。

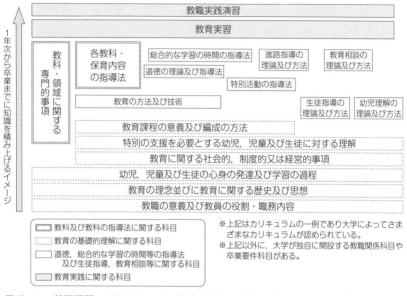

図16-1 教職課程コアカリキュラム作成にあたってのカリキュラムマップのイメージ

出所:教職課程コアカリキュラムの在り方に関する検討会「教職課程コアカリキュラム参考資料(案)」2017年。

2 「特別活動の指導法」の内容

次の内容が教職課程コアカリキュラム「特別活動の指導法」です[*5]。ここで注目してほしいのは,「理解している」という表現が多いことです。具体的な指導の基礎に正確な理解が必要なことがわかります。

「全体目標」を身に付けるために,何を「理解して」ほしいかということが「到達目標」で示されています。つまり,みなさんが本書で学んでいるのも,この全体目標を実現するためだといえます。次に示した教職課程コアカリキュラムの「全体目標」を読んだうえで本書の目次ページを見て,改めて何を特別活動で学んでいくかを考えてみましょう。

---

* 5 教職課程コアカリキュラムの在り方に関する検討会「教職課程コアカリキュラム」2017年,p. 21。なお,養護教諭および栄養教諭の教職課程についての説明は省略した。

全体目標：

　特別活動は，学校における様々な構成の集団での活動を通して，課題の発見や解決を行い，よりよい集団や学校生活を目指して様々に行われる活動の総体である。

　学校教育全体における特別活動の意義を理解し，「人間関係形成」・「社会参画」・「自己実現」の三つの視点や「チームとしての学校」の視点を持つとともに，学年の違いによる活動の変化，各教科等との往還的な関連，地域住民や他校の教職員と連携した組織的な対応等の特別活動の特質を踏まえた指導に必要な知識や素養を身に付ける。

（1）特別活動の意義，目標及び内容

一般目標：特別活動の意義，目標及び内容を理解する。

到達目標：

　　1）学習指導要領における特別活動の目標及び主な内容を理解している。

　　2）教育課程における特別活動の位置付けと各教科等との関連を理解している。

　　3）学級活動・ホームルーム活動の特質を理解している。

　　4）児童会・生徒会活動，クラブ活動，学校行事の特質を理解している。

（2）特別活動の指導法

一般目標：特別活動の指導の在り方を理解する。

到達目標：

　　1）教育課程全体で取り組む特別活動の指導の在り方を理解している。

　　2）特別活動における取組の評価・改善活動の重要性を理解している。

　　3）合意形成に向けた話合い活動，意思決定につながる指導及び集団活動の意義や指導の在り方を例示することができる。

　　4）特別活動における家庭・地域住民や関係機関との連携の在り方を理解している。

3 教職課程コアカリキュラムと学習指導要領

■1 学習指導要領とは

学習指導要領とは，文部科学省が作成しているもので，小学校，中学校，高

等学校等で教育課程を編成するための基準となるものです。学習指導要領は，学校教育法等に基づいて作成されています。文部科学省が学習指導要領を作成するのは，日本全国のどの地域でも一定の水準の教育を受けることができるようにするためです。

　小学校，中学校，高等学校等ごとに学習指導要領が作成されています。そこでは，特別活動や教科などのそれぞれについて，目標や教育内容の概要が示されています。また，学習指導要領の記述の意味や解釈などの詳細について説明するために，文部科学省が各教科ごとに学習指導要領の解説を公表しています。なお，学習指導要領は告示であり法的な拘束力がありますが，解説は公的な文書ではあっても法的拘束力はなく，その性質が異なります。

　小学校，中学校，高等学校等では，学習指導要領や学校教育法施行規則で定められている教科等の年間の標準授業時数等に沿いつつ，地域や学校の実態に応じて教育課程編成をしています。

2　学習指導要領の特別活動における改訂のポイント

　学習指導要領はおよそ10年に１度改訂されています。最新の改訂は2017年に告示されました（高等学校は2018年告示）。今回の改訂のポイントは，資質・能力の育成を重視したものになったことです。この資質・能力とは，具体的には，①知識及び技能，②思考力，判断力，表現力等，③学びに向かう力，人間性等，の３つとされており，各教科等において重視されることになっています。以下に小学校学習指導要領の「特別活動の目標」を示していますが，特別活動における資質・能力は，具体的には，(1)が知識及び技能，(2)が思考力，判断力，表現力等，(3)が学びに向かう力，人間性等に関するものとなっています。[＊6]

　集団や社会の形成者としての見方・考え方を働かせ，様々な集団活動に自主的，実践的に取り組み，互いのよさや可能性を発揮しながら集団や自己の生活上の課題を解決することを通して，次のとおり資質・能力を育成することを目指す。

＊6　「小学校学習指導要領」第５章「特別活動」第１「目標」（2017年告示）。

（1）多様な他者と協働する様々な集団活動の意義や活動を行う上で必要となることについて理解し，行動の仕方を身に付けるようにする。

（2）集団や自己の生活，人間関係の課題を見いだし，解決するために話し合い，合意形成を図ったり，意思決定したりすることができるようにする。

（3）自主的，実践的な集団活動を通して身に付けたことを生かして，集団や社会における生活及び人間関係をよりよく形成するとともに，自己の生き方についての考えを深め，自己実現を図ろうとする態度を養う。

3　教職課程コアカリキュラムと学習指導要領の関係

　教職課程コアカリキュラムと学習指導要領の両方について，共通点や相違点を理解して学びに生かすために，テキスト分析[*7]をしたところ，教職課程コアカリキュラムの特徴としては，学校，目標，活動，意義，教育という語を中心として構成されていることがわかりました（図16-2）。

　それに対して，小学校学習指導要領の特別活動については図16-3のようになり，活動，地域，解決，指導，必要，自己，安全，実践という語を中心として構成されています。教職課程コアカリキュラムでも学習指導要領でも特別活動の内容のため活動に着目できる点は共通です。しかし，その一方で，共起ネットワークの形は大きく異なることがわかります。つまり，抽出語を活用した出現パターンが類似していないのです。

　これが何を意味しているかというと，現場で教える方法や技術を学ぶはずの教職課程コアカリキュラムと，現場で教える内容を定めた学習指導要領は，ある程度一致しているのが望ましいはずですが，現在は，この2つの内容には齟齬があるということになります。

　大学での授業の根拠となる教職課程コアカリキュラムでは特別活動を「学校における様々な構成の集団での活動を通して，課題の発見や解決を行い，より

＊7　テキスト分析では，共起ネットワークという方法を活用した。共起ネットワークとは，文書内に出てくる単語の出現パターンが類似するものを線で結んだ図。単語の出現数が多いほど円が大きく，共起の程度が強いほど太い線で結ばれる。ソフトウェアはKHCoderを使用した。

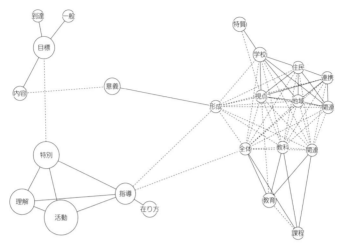

図16−2　教職課程コアカリキュラム特別活動の指導法の共起ネットワーク
出所：筆者作成。

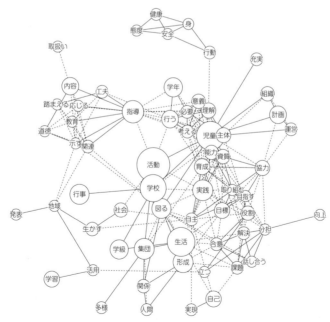

図16−3　小学校学習指導要領特別活動の共起ネットワーク
出所：筆者作成。

よい集団や学校生活を目指して様々に行われる活動の総体」と定義しているため，部活動をはじめとした教育課程外の活動も含むことができます。しかし，小学校から高等学校までの学習指導要領では，学級活動，ホームルーム活動，児童会活動・生徒会活動，クラブ活動，学校行事のまとまりとして定義されます。

　このように表現に若干の齟齬がありますが，大学では教職課程コアカリキュラムを基盤として学習を進め，小中高等学校の教師となり児童生徒に具体的に指導していく際には，学習指導要領を基盤として授業を構成することになります。

4　教職課程コアカリキュラムの意義や課題

　教職課程コアカリキュラムは，指導と評価に生かしやすい工夫がなされています。先述したように，具体的には，教職課程で学ぶみなさんが修得する資質・能力について「全体目標」を示し，次に全体目標に基づき内容を区分して「一般目標」を示し，そしてさらに，「到達目標」を示しています。構造化された構成となっており，どんな資質・能力を身に付けなければならないかわかりやすくなっています。

　一方で問題点としては，画一化された教職課程コアカリキュラムでは各大学の教職課程の特徴を生かしきれないことが考えられます。もちろん，文部科学省では，教職課程コアカリキュラムが大学の自主性などを阻害するものではないとしています。この点については，全国的な水準を担保しつつも各大学の特色を出していくことの課題があるといえるでしょう。

　また，各大学での教員養成は幼稚園，小学校，中学校，高等学校，特別支援学校等の学校種や国語，社会，数学，理科等の教科がそれぞれ異なります。従来から各大学は創意工夫をして責任をもって教員養成に取り組んでいるため，教職課程コアカリキュラムによって直ちに教職課程全体の質保証に変化が生じるとは考えにくい面もあります。

まとめ ・・・・・・・・・・・・・・・・・・・・・・・・・・・・・・

　本章では，教職課程コアカリキュラムとそれに類する海外の事例や，教職課程コ
アカリキュラムの特別活動の指導法，学習指導要領の特別活動，そして，それぞれ
の違いや関連などについて確認してきました。その結果，次のようなことがわかっ
てきました。

　1つ目は，なぜ教育課程コアカリキュラムが導入されたのか，その背景などにつ
いて，2つ目は，日本における教職課程コアカリキュラムの特別活動の指導法と，
学習指導要領での特別活動の目標などについて，3つ目は，教職課程コアカリキュ
ラムと学習指導要領の特別活動の構造の違いについてです。

　実際に教職課程コアカリキュラムに基づいた大学のシラバスで，学習指導要領の
特別活動の目標や内容等を教職課程で学ぶみなさんが理解し，小・中・高等学校等
で教育成果を出していくことが今後期待されています。

・・

 さらに学びたい人のために

○関口貴裕ほか（編著）『学校教育ではぐくむ資質・能力を評価する』図書文化
　社，2019年。

　　本書は，OECDのコンピテンシーと文部科学省の資質・能力を視野に入れ
　つつ，具体的な学校場面でどのように資質・能力の育成を見とるとよいか検討
　されています。東京学芸大学が開発した特別活動評価スタンダード＆シートも
　紹介されています。

○林尚示（編著）『特別活動──理論と方法』学文社，2016年。

　　本書は，これまでの学級活動，ホームルーム活動，児童会活動，生徒会活動，
　クラブ活動，学校行事を知る手がかりとなります。具体的な指導資料や特別活
　動の教育評価についてどのようにしてきたのかがわかります。

○林尚示（編著）『特別活動』培風館，2012年。

　　本書は，これまで10年間実施されてきた特別活動の目標や内容などについて
　説明したものです。新学習指導要領と比較しながら活用できます。学生のみな
　さんが受けてきた学校教育の特別活動の根拠を知ることができます。

《監修者紹介》

汐見稔幸（しおみ　としゆき）
　　現　在　東京大学名誉教授。

奈須正裕（なす　まさひろ）
　　現　在　上智大学教授。

《執筆者紹介》（執筆順，担当章）

上岡　学（うえおか　まなぶ）はじめに，第1章
　　編著者紹介参照。

添田晴雄（そえだ　はるお）第2章
　　現　在　大阪市立大学大学院教授。
　　主　著　『文字と音声の比較教育文化史研究』（単著）東信堂，2019年。

有村久春（ありむら　ひさはる）第3章
　　現　在　東京聖栄大学教授。
　　主　著　『キーワードで学ぶ　特別活動　生徒指導・教育相談（改訂3版）』（単著）金子
　　　　　　書房，2017年。
　　　　　　『新しい時代の生徒指導・キャリア教育』（共編著）ミネルヴァ書房，2019年。

木内隆生（きうち　りゅうせい）第4章
　　現　在　東京農業大学教授。
　　主　著　『思春期青年の協同性プログラムに関する開発的研究』（単著）大学図書出版，
　　　　　　2016年。
　　　　　　『新しい時代の生徒指導・キャリア教育』（共著）ミネルヴァ書房，2019年。

脇田哲郎（わきた　てつろう）第5章
　　現　在　福岡教育大学大学院教授。
　　主　著　『[平成29年版] 小学校　新学習指導要領ポイント総整理　特別活動』（共著）東
　　　　　　洋館出版社，2017年。
　　　　　　『平成29年版　小学校新学習指導要領の展開　特別活動編』（共著）明治図書出版，
　　　　　　2017年。

小泉雅彦（こいずみ　まさひこ）第6章
　　現　在　徳島県公立小学校校長。
　　主　著　『平成20年改訂　小学校教育課程講座　特別活動』（共著）ぎょうせい，2009年。
　　　　　　『自ら未来を拓き [ともに生きる力] を育む学校経営 I』（共著）第一公報社，2020年。

松田素行（まつだ　もとゆき）第7章
　　現　在　文教大学教授。
　　主　著　『学級・学校文化を創る特別活動 [中学校編]』（共著）東京書籍，2016年。
　　　　　　『やさしく学ぶ特別活動』（共著）ミネルヴァ書房，2018年。

吉井貴彦（よしい　たかひこ）第8章
　現　在　東京都公立小学校教諭。

長沼　豊（ながぬま　ゆたか）第9章
　現　在　学習院大学教授。
　主　著　『実践に役立つ教職概論』（編著）大学図書出版，2019年。
　　　　　『特別活動の理論と実践（改訂第2版）』（共編著）電気書院，2020年。

安達光樹（あだち　みつぎ）第10章第1節
　現　在　武蔵野大学講師。
　主　著　『小学校体育　授業で使える全単元の学習カード　中学年』（共著）東洋館出版社，
　　　　　2013年。
　　　　　『小学校の体育授業づくり入門（第5版）』（共著）学文社，2018年。

清水　翔（しみず　かける）第10章第2節
　現　在　東京都公立小学校教諭。

城戸　茂（きど　しげる）第11章
　現　在　愛媛大学大学院教授。
　主　著　『校長職の新しい実務課題』（共著）教育開発研究所，2011年。
　　　　　『平成29年改訂 中学校教育課程実践講座 特別活動』（共編著）ぎょうせい，2018年。

福田俊彦（ふくだ　としひこ）第12章
　現　在　一般財団法人総合初等教育研究所室長。
　主　著　『教師のためのスピーチ・あいさつ実例集』（共著）教育開発研究所，2012年。
　　　　　『平成29年改訂 小学校教育課程実践講座 特別活動』（共著）ぎょうせい，2017年。

青木由美子（あおき　ゆみこ）第13章
　現　在　東京都公立中学校校長。
　主　著　『平成29年版　中学校新学習指導要領の展開　特別活動編』（共著）明治図書出版，
　　　　　2017年。
　　　　　『平成29年改訂 小学校教育課程実践講座 特別活動』（共著）ぎょうせい，2017年。

橋本大輔（はしもと　だいすけ）第14章
　現　在　さいたま市教育委員会事務局学校教育部指導1課研究推進・振興係主席指導主事
　　　　　兼係長。

田中光晴（たなか　みつはる）第15章
　現　在　文部科学省総合教育政策局調査企画課外国調査係。
　主　著　『新版　世界の学校』（共著）学事出版，2014年。
　　　　　『諸外国の教育動向　2018年度版』（共著）明石書店，2019年。

林　尚示（はやし　まさみ）第16章
　編著者紹介参照。

《編著者紹介》

上岡　学（うえおか　まなぶ）
　　現　在　武蔵野大学教授。
　　主　著　『子どものくらしを支える教師と子どもの関係づくり』（共編著）ぎょうせい，
　　　　　　2014年。
　　　　　　『三訂　キーワードで拓く新しい特別活動』（共著）東洋館出版社，2019年。

林　尚示（はやし　まさみ）
　　現　在　東京学芸大学准教授。
　　主　著　『特別活動（改訂版）』（編著）学文社，2019年。
　　　　　　『小学校・中学校における安全教育』（共編著）培風館，2020年。

アクティベート教育学⑪
特別活動の理論と実践

2020年11月1日　初版第1刷発行　　　　　　　　　（検印省略）

定価はカバーに
表示しています

監修者	汐奈	見須	稔正	幸裕
編著者	上林	岡	尚	学示
発行者	杉	田	啓	三
印刷者	江	戸	孝	典

発行所　株式会社　ミネルヴァ書房
　　　607-8494　京都市山科区日ノ岡堤谷町1
　　　　　　　　電話代表　（075）581-5191
　　　　　　　　振替口座　01020-0-8076

© 上岡・林ほか，2020　　　　　共同印刷工業・新生製本

ISBN978-4-623-08538-5
Printed in Japan

ミネルヴァ書房

https://www.minervashobo.co.jp/